pliegos de ensayo

ESPEJOS: LA TEXTURA CINEMATICA EN
LA TRAICION DE RITA HAYWORTH

RENE ALBERTO CAMPOS

ESPEJOS: LA TEXTURA CINEMATICA EN *LA TRAICION DE RITA HAYWORTH*

EDITORIAL PLIEGOS
MADRID

© René Alberto Campos

Depósito Legal: M. 43.016-1985
I.S.B.N.: 84-86214-14-9

Colección Pliegos de Ensayo
Diseño: Rogelio Quintana
Foto de: Craig Gladney
EDITORIAL PLIEGOS
Gobernador, 29 - 4.º A - 28014 Madrid
Apartado 50.358
Printed in Spain
Impreso en España
por PRUDENCIO IBÁÑEZ CAMPOS
Cerro del Viso, 16
Torrejón de Ardoz (Madrid)

A Berta y Sergio, mis padres.

INDICE

AGRADECIMIENTOS

Agradezco sinceramente a Jaime Giordano, mi profesor y consejero, por la amplia libertad con que me permitió realizar este trabajo y por el entusiasmo con que siempre acogió mis ideas. Al profesor Pedro Lastra por su estímulo constante y por la valiosa ayuda con respecto a la estructura y el estilo de los capítulos. A Roberto Echavarren, por su interés y por los acertados comentarios que han enriquecido mi proyecto. A los profesores Elías Rivers y Adrián Montoro, por la gentileza y la acuciosidad con que leyeron la versión final. A todos ellos, mi agradecimiento profundo por las valiosas sugerencias y por el estímulo que me han brindado.

En un plano personal, mi especial gratitud a Joel Brereton y Rubén González, cuya amistad, confianza y apoyo constante, me han permitido terminar esta (a veces ingrata) labor.

Sobre la tierra amarga,
caminos tiene el sueño.

Antonio Machado.

INTRODUCCION

Hace un par de años, Julio Cortázar observaba:

> ¿Por qué diablos hay entre nuestra vida y nuestra literatura una especie de muro de vergüenza? En el momento de ponerse a trabajar en un cuento o en una novela, el escritor típico se calza el cuello duro y se sube a lo más alto del ropero. A cuántos conocí que si hubieran escrito como pensaban, inventaban o hablaban en las mesas de café o en las charlas después de un concierto o en un match de box, habrían conseguido esa admiración cuya ausencia siguen atribuyendo a las razones deploradas con lágrimas y folletos por las sociedades de escritores [1].

Se dirá, y con razón, que el descontento de Cortázar ya no tiene tanta validez porque más y más escritores se han ido librando de ese «cuello duro» para escribir en un lenguaje que usa el habla espontánea —repeticiones, cacofonías y lugares comunes incluídos— como material básico del discurso literario. Pero hemos usado la cita no tanto para referirnos a los autores, como hace Cortázar, sino a aquellos que realizan su ejercicio a partir de los textos originales. Me refiero a los críticos.

Manteniendo la misma actitud con que antes fueron juzgadas las obras de un Macedonio Fernández o un Roberto Arlt, existe todo un sector de la crítica que —desatendiendo el consejo de Gide de que hay que considerar siempre la idea que precede a la palabra— estima como literatura «seria»

---

[1] JULIO CORTÁZAR, *La vuelta al día en ochenta mundos* (México: Siglo Veintiuno, 1967), p. 56.

a aquella que llega vestida con pesados ropajes intelectuales y cuyos mensajes aparecen como de gran trascendencia.

En ningún caso ha sido esto más obvio que en la obra de Manuel Puig. A diecisiete años de la aparición de su primera novela, *La traición de Rita Hayworth,* su prestigio como novelista serio sólo se ha venido consolidando en los últimos años. Desde el inicio, la irrupción de Puig en el panorama de la narrativa hispanoamericana contemporánea provocó reacciones encontradas. Un escritor que usaba el habla argentina de provincias, cuyos personajes mediocres tenían unas historias mínimas y que utilizaba como referentes radionovelas, letras de canciones, películas (norteamericanas, ni siquiera francesas o suecas), todos los elementos considerados como material de lo cursi y subcultural. Lo más desconcertante estribaba en que este novelista insistía en no tener ninguna formación literaria y, efectivamente y en apariencia al menos, en sus obras nunca había referencias o alusiones a Sartre o a Joyce, para qué decir Borges y sus laberintos.

Por todas estas razones, cuando empezó a estudiarse la obra de Puig, la atención se concentró, como era natural, en el manejo del lenguaje y en el uso de «sub-géneros» como la novela rosa, la policial y el folletín, además del cine tradicional. Dependiendo del crítico, se veía allí un tratamiento o cursi o camp o kitsch [2], irónico o paródico del material presentado y, la mayor parte de las veces, se trataba de explicar la obra dentro de tales límites, del lado de allá de la literatura «seria».

Un ejemplo concreto del desconcierto y la arbitrariedad de los juicios iniciales es el que proporciona Angela Dellepiane, quien en su artículo «Diez años de literatura argentina», en una nota al pie de página, explica las razones por las que no incluye a Puig. Destacamos unas pocas líneas:

... en sus novelas lo que hay, y lo que él intentó mostrar allí, es

---

[2] Véase SUSAN SONTAG, «Notes on Camp», en *Against Interpretation* (New York: Dell, 1964, 1978), pp. 275-292.

una realidad «real», si se me permite la redundancia y no mucho más... En esas novelas [*La traición de Rita Hayworth* y *Boquitas pintadas*] no hay más que una posibilidad de lectura y no hay ambigüedad de sentido... Los libros de Puig son sabrosos, emotivos, humorísticos, desiguales en su construcción novelesca. De ahí a que sean creaciones literarias hay mucha diferencia [3].

Pero no todo era así. Tal vez uno de los primeros en reconocer la calidad y complejidad de la obra de Puig fue Cedomil Goic que, en el mismo año del artículo de Dellepiane, situando perfectamente a nuestro autor en la generación irrealista de 1957, señala su originalidad en cuanto a la utilización de elementos de la cultura de masas. Dice Goic:

Cierta homogeneidad, que todos esos elementos [letras de tangos y boleros, novela rosa, folletín, radioteatros y filmes] presentan, permiten una primera aproximación a las formas populares... Pero si bien tenemos esto, por otro lado, no existe una formulación ingenua de la novela, sino sobre el externo ofrecimiento popular, existe en verdad una presentación de recursos difíciles de la literatura culta: disposición en montaje, eliminación del narrador básico, modos narrativos como la corriente de la conciencia... Todo esto [literatura de vanguardia ofrecida como literatura popular] hace posible la lectura de la obra en diferentes niveles. Puede ser leída con complacencia en la disolución sentimental por diversos lectores. Pero, en su sentido más pleno, puede ser captado el goce funcional de los experimentos estilísticos cumplidos en las dos novelas [y en las posteriores, podemos agregar], el acto lúdico del pastiche y de la invención de modos de decir eminentemente literarios, tanto como la revelación del enajenamiento de los seres, de la ambigüedad de su comportamiento y de su final decepción [4].

Bovarismo de nuevo cuño, dice Goic. 1972 parece haber sido un año clave para la cabal comprensión de la obra

---

[3] ANGELA DELLEPIANE, «Diez años de literatura argentina», en *Problemas de Literatura*, 1 (Mayo, 1972), pp. 71-72.

Para un enfoque centrado en la superficie del lenguaje, véase BELLA JOSEF, «Manuel Puig: Reflexión al nivel de la enunciación», en *Nueva Narrativa Hispanoamericana*, 4 (Enero-Septiembre, 1974). pp. 111-115 y JOSÉ RODRÍGUEZ PADRÓN, «Manuel Puig y la capacidad expresiva de la lengua popular», en *Cuadernos Hispanoamericanos*, 245 (1970), pp. 490-497.

[4] CEDOMIL GOIC, *Historia de la novela hispanoamericana* (Valparaíso: Ediciones Universitarias, 1972), p. 271.

de Puig porque un ejemplar de *Review* trae, además de una
cronología del autor, los artículos pioneros de Marta Morello-Frosch y Emir Rodríguez Monegal, quienes dan cuenta
de la complejidad de los conflictos y de la importancia del
cine como texto referencial en las obras publicadas hasta
ese momento. De entonces a acá, la apreciación crítica ha
variado en forma considerable. Excelentes trabajos con los
nombres de Severo Sarduy, Gilberto Triviños, Alicia Borinsky y Roberto Echavarren, entre otros, han contribuido a
afirmar la obra de Puig como una de las más representati-
vas y originales de nuestra actual narrativa [5].

Y así estaban las cosas cuando nos propusimos, inicialmente, un estudio sobre la relación entre novela y cine que,
al final, se ha convertido en un estudio sobre la textura cinemática. Desde un comienzo estuvimos conscientes de la
escasa originalidad de nuestro planteo. La influencia de lo
cinematográfico (como técnica del discurso) y de lo fílmico
(como textualidad) en la obra de Puig es obvia aun sin las
declaraciones expresas del propio autor y así lo han notado
los críticos que, en mayor o menor medida, nunca dejan
de mencionar la impronta de esta influencia en cualquiera o
todas las obras de nuestro novelista.

No obstante, la mayoría de estos trabajos, exceptuando
el artículo de José Miguel Oviedo, «La doble exposición de
Manuel Puig» [6], nunca habían intentado comprender las novelas *desde* y *con* los textos fílmicos implicados. Casi siempre, las películas son tratadas como correlatos externos que,
si influencian los contenidos, lo hacen desde su propia especificidad. Nos pareció que era justo intentar una lectura
a través del cine para identificar la índole del juego inter-

[5] SEVERO SARDUY, «Notas a las notas a las notas... A propósito de
Manuel Puig», en *Revista Iberoamericana*, 37, núms. 76-77 (Julio-
Diciembre, 1971), pp. 555-567.
    GILBERTO TRIVIÑOS, «La destrucción del verosímil folletinesco en
Boquitas pintadas», en *Texto Crítico*, 9 (Enero-Abril, 1978), pp. 117-130.
[6] JOSÉ MIGUEL OVIEDO, «La doble exposición de Manuel Puig», en
Eco, 192 (Octubre, 1977), pp. 607-626.

textual generado desde allí, comprobar en qué medida funcionaba el injerto fílmico-narrativo.

Con estos objetivos básicos en mente, comenzamos a analizar las novelas que, hasta ese momento, parecían funcionar con y a través de textualidades fílmicas. Ellas eran, en orden cronológico, *La traición de Rita Hayworth* (1968), *The Buenos Aires Affair* (1973), *El beso de la mujer araña* (1976) y *Pubis angelical* (1979).

En forma gradual, a medida que nuestra lectura avanzaba, algo empezó a hacérsenos evidente: todas las novelas mencionadas compartían, a través de variantes y múltiples transformaciones, una serie de rasgos comunes. La fascinación de Toto en *La traición de Rita Hayworth* era la misma de Gladys en *The Buenos Aires Affair* y la de Molina en *El beso de la mujer araña;* las películas de mujeres que Toto prefería eran del mismo género de las que espejeaban la vida de Gladys; la heroína era admirada, asimilada y copiada en forma gradual por Toto, Gladys, Molina y Ana, la protagonista de *Pubis Angelical.* En el nivel del significado, idénticas preocupaciones y conflictos determinados por la escondida sexualidad y por los disfraces del inconsciente permeaban y configuraban los comportamientos y experiencias de Toto primero, de Gladys y Leo Druscovich, de Valentín y Molina, de Ana y Pozzi. Ciertas películas aparecían evocadas aquí y allá, igual que ciertas actrices y cierto tipo de sensibilidad. Pero no entendamos esto como repetición estática. Toto no es Molina, de la misma forma que Gladys no es ni Ana ni Molina. Hay un proceso que, en cierta forma, se completa en *Pubis Angelical,* todo un trayecto de (re)conocimiento y búsqueda de una identidad que no es sólo sexual sino (o tal vez, por lo mismo), cultural y social.

En todo caso, frente a esta situación, nos pareció que un estudio detallado de cada una de las novelas mencionadas corría el riesgo de parecer repetitivo y, al revés, si nos limitábamos a estudiar los aspectos únicos de cada obra, absolutamente desbalanceado. Por fin, decidimos concentrarnos en un estudio detenido de *La traición de Rita Hayworth* porque, en un análisis de múltiples niveles, aparecían allí, configurados de un modo más o menos definidor, todos los elementos que en relación al cine proliferarían (enmascarados, travestidos o descubiertos) en las novelas posteriores. En tal sentido, *La traición* puede verse como *cifra* inicial de casi toda la obra de Puig, sin olvidar que es la primera y que la problemática evolucionará con absoluta especificidad respecto de cada novela en particular. En notas al pie de página, hemos señalado —de manera muy esquemática— las relaciones posibles, por convergencias y/o divergencias, entre los contenidos de *La traición* y los otros textos, así como una mínima referencia a artículos que tratan los aspectos en cuestión.

Nuestro acercamiento no es un estudio de poéticas ni estéticas. Tampoco pretende determinar el significado final y absoluto de la obra. Se trata más bien de una lectura como construcción en el sentido que le da Todorov de un acercamiento crítico informado por la poética, pero no limitado por ella. Con esto queremos decir que nuestra lectura se mueve entre intentar descubrir las estructuras y las convenciones del discurso narrativo que le hacen capaz de tener los significados que posee (Poética) y el tratar de ver cómo la obra emplea, modifica, parodia y comenta estos significados definidos por la poética. Y luego, siempre siguiendo a Todorov,

Après avoir construit les événements qui composent une histoire, nous nous livrons à un travail de réinterprétation qui nous permet de construire, d'une part, les caractères, de l'autre, le système d'idées et des valeurs sous-jacent au texte. Une telle interprétation [présente] dans le texte du livre, a donc une fonction double: d'une part nous apprendre la cause de cet fait particulier (fonction exégétique); de l'autre, nous initier au système d'interprétation qui sera celui de l'auteur tout au long de son texte (fonction méta-exégétique) [7].

---

[7] TZVETAN TODOROV, «La lecture comme construction», en *Poétique*, 24 (París: Seuil, 1975), pp. 421-422. También TODOROV, *The Poetics of Prose*, trad. de Richard Howard (Ithaca: Cornell University Press, 1974). Ver Prólogo de Jonathan Cullers, p. 12 y «How to Read», pp. 234-246.

Los dos primeros capítulos constituyen, en rigor, una lectura comentada de la obra para señalar el modo en que opera la fascinación del cine como moduladora de las experiencias y las expectativas del protagonista, primero como espectáculo ajeno de otra realidad y luego como espejo, como tradición y traición de lo otro fílmico en la realidad. El capítulo tercero busca explicar los mecanismos de la ilusión, la calidad del espejismo, a través de un análisis de la impregnación genérica y del rol de la actriz como voz media que determina los significados que Toto quiere leer. Por fin, el último capítulo intenta anudar los mecanismos, las fijaciones y las texturas que espejean en toda la novela, como resultado del juego entre historia y discurso, realidad e imaginación, ficción narrativa y ficción fílmica. Y por allí volvemos a la imagen del espejo, simulacro que garantiza la ilusión y la realidad, al juego especular de la novela que, con su carga semántica inconsciente, lleva, en forma ineludible, a la experiencia del cine como experiencia primordial, campo del psicoanálisis. Y también a la traza visual de la novela que, como acto de *voyerismo,* repite en nosotros el mismo juego de espejos.

I

EL ESPECTACULO:
LA SUPERFICIE DE LA ILUSION

Un film est une écriture en images.
JEAN COCTEAU

Ce ne sont pas les images qui font du film, mais l'âme des images.
ABEL GANCE

I cannot think otherwise than in stories.
OSCAR WILDE

Es el efecto de la caverna platónica, del vientre materno quizá. Oscuridad, ausencia, vacío; una breve suspensión de tiempo y espacio, como cuando se apagan las luces en una sala de cine. Tal vez algo de todo eso pueda traducir lo que experimenta el lector al enfrentarse con el capítulo inicial de *La traición de Rita Hayworth* [1].

El único indicio de un narrador o hablante básico está dado por el escueto subtítulo que encabeza el texto: «En casa de los padres de Mita, La Plata. 1933», un subtítulo que es más bien una acotación teatral o de guión cinematográfico [2] y que, por lo mismo, parece disponernos a una representación escénica —a una representación mental, en este caso— que se nos niega en seguida puesto que, pese a la determinación específica de tiempo y espacio, no existe ninguna referencia a personajes [3].

---

[1] MANUEL PUIG, *La traición de Rita Hayworth* (Buenos Aires: Jorge Álvarez, 1968, 1.ª ed.; Sudamericana, 1974, 7.ª ed.). Las notas provienen de la edición de 1974. En adelante, aparece como *La traición* en el cuerpo del texto y como TRH, con número de página(s) en citas textuales.

[2] El hablante dramático básico, a través de las acotaciones, «proporciona información, organiza la entrega del mundo, pero sólo desde cierta perspectiva y con una limitada clase de conocimiento». Véase JUAN VILLEGAS, *La interpretación de la obra dramática* (Santiago de Chile: Universitaria, 1971), p. 24.

[3] En este respecto, el grado de especificidad varía en las otras novelas de Puig. En *The Buenos Aires Affair* (México: Joaquín Mortiz, 1973), los letreros o acotaciones sitúan las acciones de los personajes en un tiempo y espacio determinados, tal como sucede con el resto de *La traición*. Al contrario, y quizá para enfatizar el transcurso temporal en el mismo espacio o para señalar la inexistencia de espacio social, tales acotaciones, a menos que se trate de documentos o acciones oficiales, fuera del recinto de la celda, están completamente ausentes en *El beso de la mujer araña* (Barcelona: Seix-Barral, 1976).

El desconcierto proviene de esta acotación a oscuras [4], de este escamoteo de la función referencial básica, sustituida por la función apelativa [5]. El recurso de Puig parece operar sobre la relación visual que se establece entre el mundo de la representación (dramática o fílmica) y el espectador, por medio de un lenguaje apelativo que surge del diálogo y que no indica necesariamente la situación en que se produce. Este oír sin ver es el que nos confunde, la intrusión de una técnica venida del teatro o del cine que parece forzarnos a percibir sin darnos los elementos para visualizar. Como en un radioteatro, el diálogo a oscuras nos obliga a llenar el espacio corporal de los personajes con gestos, modos de vestirse, rasgos físicos, a ejercitar una primera forma de la imaginación. Desde la nada, una serie de voces parece discurrir sobre asuntos cotidianos, sin un foco de interés aparente:

—El punto cruz hecho con hilo marrón sobre la tela de lino de color crudo, por eso te quedó tan lindo el mantel.
—Me dio más trabajo ese mantel que el juego de carpetas, que son ocho pares... Si pagaran mejor las labores, me convendría tomar una sirvienta con cama y dedicar más tiempo a labores, una vez hecha la clientela ¿no te parece? (TRH, 7).

Y así sigue. Alicia Borinsky afirma que se trata de fantasmas, de diálogos acerca de nada, de carencia de personajes, de ausencia temática; para Borinsky, el diálogo «está construido en un nivel en el que resulta innecesaria —inexistente— la distinción entre contexto y personaje, acción y

---

En adelante, las referencias a estas dos obras aparecen como BAA y BMA, respectivamente.

[4] Emir Rodríguez Monegal describe el efecto de un modo parecido cuando dice que el lector distingue las voces «as if he were overhearing some dialogue in a totally darkened theatre». Cf. EMIR RODRÍGUEZ MONEGAL, «A Literary Myth Exploded», en *Review*, 4-5 (Winter, 1971/Spring, 1972), p. 58.

[5] De acuerdo a la definción de Román Jakobson, «la función referencial o informativa... consiste en la transmisión de un saber, de un contenido intelectual acerca de aquello de lo que se habla». Citado por VÍCTOR MANUEL DE AGUIAR E SILVA, *Teoría de la literatura*, trad. de Valentín García Yebra (Madrid: Gredos, 1975), p. 15.

escenario. [Es un] lenguaje que asume la dispersión como arquitectura»[6]. Pero la «dispersión» es ilusoria ya que desde la anonimia de esta «galería de voces», como la llama Rodríguez Monegal[7], van surgiendo datos que, camuflados en la banalidad del discurso cotidiano, apuntan a otro espacio narrativo, desde donde se genera el universo activo del relato. El diálogo anónimo viene como a enmarcar la historia central, permitiendo un primer nivel de construcción del mundo/relato distanciado[8].

Obviamente, nos encontramos ante un uso peculiar de la función apelativa. Una breve digresión teórica tal vez nos ayude a situar el sentido específico. Gérard Genette, en su estudio «Frontières du récit», comparando los conceptos de «mímesis» y «diégesis», señala que «pour Aristote, le récit (diègèsis) est une des deux formes de l'imitation poétique (mimèsis), l'autre étant la représentation directe des événements par des acteurs parlant et agissant devant le public»[9]. Para Platón, en cambio, «le domaine de ce qu'il appelle 'lexis' (où façon de dire, par opposition à 'logos' qui désigne ce qui est dit) se divise théoriquement en imitation proprement dite (mimèsis) et simple récit (diègèsis)»[10]. Para Genette, esto significa que las clasificaciones de Platón y Aristóteles se diferencian sólo por una simple variante de términos ya que ambas coinciden en lo esencial, es decir, la oposición básica entre lo dramático y lo narrativo, «de pre-

---

[6] ALICIA BORINSKY, «Castración y lujos: la escritura de Manuel Puig», en *Revista Iberoamericana,* 90 (1975), pp. 32-33.

[7] RODRÍGUEZ MONEGAL, p. 58.

[8] Utilizamos el término de «construcción» en el sentido que le asigna Todorov como la tarea del lector («narrataire») de «crear» el universo imaginario evocado por el autor. En el caso de *La traición* se trataría siempre de una construcción a doble nivel ya que el autor evoca personajes que evocan otros personajes; en el caso del lector, éste debe crear personajes que crean otros personajes. Ver TZVETAN TODOROV, «La lecture comme construction», en *Poétique,* 24 (1975), pp. 417-420.

[9] GÉRARD GENETTE, «Frontières du récit», en *Communications,* 8 (París: Seuil, 1966), p. 152.

[10] GENETTE, p. 153.

mier étant considéré par les deux philosophes comme plus pleinement imitatif que le second» [11].

En la aparente imitación directa de los diálogos se oculta una forma de diégesis porque, de un modo semejante a las puntadas sobre el lino o a los pedazos de tela que van dando forma al cubrecama, de los retazos de conversación emerge un texto referencial otro, un universo de acciones referidas a un personaje ausente y que es el tema de conversación de estas voces: Ema (Emita, Mita), luego de obtener su título de farmacéutica, se ha ido a trabajar a Coronel Vallejos, un pueblo del interior de la Argentina. Allí se ha casado con Roberto (Berto) Casals. Cuando tiene lugar esta conversación, Mita acaba de tener un bebé, José Luis (Toto).

El grupo familiar que nos confidencia estos datos [12] no parece muy satisfecho con la elección de Mita, dado que Berto tiene problemas económicos, además de que el pueblo en el que viven es feo, aislado y deprimente. Una trivial historia provinciana pero donde ya se apunta a elementos que tendrán una significación clave en el desarrollo eventual de los conflictos. Es el indicio [13] que se revela en el siguiente diálogo:

—Vi la película de Carlos Palau.
—Mita la va a ver cuando la den en Vallejos.
—¿Cuánto tiempo estuvo de novia con Carlos Palau?
... ...
—El marido de Mita es idéntico a Carlos Palau, siempre lo dije. (TRH, 9).

---

[11] GENETTE, p. 154.

[12] Como «confidencia», la conversación tiene una función análoga al de ciertas cartas en *Les liaisons danguereuses,* que no representan nada, sólo informan. Cf. TODOROV, «Les catégories du récit littéraire», en *Communications, 8,* p. 144.

[13] «Índice» o «indicio» en el sentido de un concepto «plus ou moins diffus, nécessaire cependant au sens de l'histoire, indices caractériels concernant les personnages, informations relatives à leur identité, notations d'atmosphères, etc.). Cf. ROLAND BARTHES, «Introduction à l'analyse structurale des récits», en *Communications, 8* pp. 8-9.

La conclusión lógica que estas opiniones parecen indicarnos se verbaliza en seguida:

—Mita tenía la manía del cine... siempre hace su capricho y se casó con Berto que es igual a un artista de cine. (TRH, 9).

Inicialmente, ya se alude a un elemento de conflicto a nivel de ser/parecer puesto que se deduce en forma muy clara que Mita ha sido atraída por la apariencia física de Berto y, como señala Todorov a propósito de las relaciones entre personajes, «l'apparence ne coïncide pas nécessairement avec l'essence de la relation bien qu'il s'agisse de la même personne et du même moment» [14].

La coincidencia de nuestra percepción con la de los hablantes no dice tanto acerca de nuestra agudeza de lectores como acerca de otro factor, mucho más significativo: de alguna forma percibimos, hemos sido condicionados a representarnos, a *ver* desde la perspectiva de estas voces fantasmales. Ahora puede explicarse la razón por la que estas voces no se han corporizado en personajes.

Si la índole mimética del diálogo no se concreta en representación mental [15] (nunca podemos «ver» a estos hablantes iniciales) es porque su función principal se reduce a representarnos verbalmente a personajes que en un plano distanciado resultan ser los verdaderos ejes del relato. Apoyándonos en Todorov, podemos concluir que aunque estos diálogos representen actos —derivan de así de la representación— su rol último es el de transmitir información acerca de acontecimientos ajenos y distantes, en los que las voces sólo participan como espectadores [16].

El resultado es un efecto de transparencia de la diégesis en la mímesis, que viene a servir de encuadre o marco de la fábula, organizada a partir de nuestra «visualización» de la vida de Mita hasta ese instante. Imperceptiblemente, nues-

[14] TODOROV, «Les catégories», p. 135.
[15] GENETTE, pp. 156-157.
[16] TODOROV, «Les catégories», p. 144.

tra visión se ha hecho una con la perspectiva de las voces, coro/parcas/comadres, con el ojo de la cámara narrativa. El texto como pantalla empieza a cobrar forma [17].

La modalidad técnica sugiere uno de los recursos distintivos del estilo —queremos decir escritura fílmica— de Alfred Hitchcock. La relación no aparece tan casual cuando consideramos el capítulo primero de la novela como una escena inicial o, mejor aún, como lo que Christian Metz denomina «plano-secuencia» de apertura [18]. De este modo, se observa una composición estructural muy semejante a una de las preferidas por el director inglés. Pensemos, para tomar un ejemplo clásico, en el plano-secuencia inicial de *Psycho* [19].

Psycho abre con una toma panorámica de una ciudad; *La traición* abre con una «panorámica» de voces. En la película aparece el nombre de una ciudad, seguida por una fecha y hora específicas; en la novela esto equivale a la acotación o subtítulo inical. La cámara se mueve sobre techos de edificios, parece vacilar y luego avanza hacia un edificio de apartamentos, vacila de nuevo (como los variados tópicos de conversación en la novela) y luego dirige nuestra atención hacia una ventana entreabierta que da a una habitación en penumbras, que correspondería a la paulatina enmarcación de la vida de Mita en Coronel Vallejos. Sólo entonces comienza a desarrollarse la diégesis.

---

[17] En la voz de Toto, el efecto se invierte ya que la mímesis directa de los textos fílmicos nos llega «diegetizada» o relatada por el personaje. Es lo mismo que sucede con los relatos de películas que hace Molina en BMA. Al contrario, la calidad mimética de las citas fílmicas que aparecen en BAA se manifiesta en la transcripción directa del diálogo y (en ciertas ediciones), en el uso de «stills» de la escena transcrita, quizá con la intención de enfatizar la tensión entre la realidad y el deseo de Gladys, la protagonista.

[18] En su clasificación de 'la gran sintagmática del film narrativo', Christian Metz señala que «la scène reconstitue... un moment, un lieu, une petite action particulière et ramassée»; el plano-secuencia, perteneciente a la categoría del plano autónomo, «est une scène traitée sinon en un seul plan, du moins en une seule prise de vue». Cf. CHRISTIAN METZ, «La grande syntagmatique du film narratif», en *Communications*, 8, pp. 120-122.

[19] ALFRED HITCHCOCK, director, *Psycho*, con Janet Leigh, Tony Perkins, Vera Miles, John Gavin, Paramount, 1960.

Como Hitchcock, Puig se ha valido de una técnica cinemática que tiene gran funcionalidad narrativa como descripción ya que «... the continuity inherent in the pan [la toma panorámica] allows the spectator [el lector] to insert himself concretely within the action represented on the screen [en el texto narrativo] and to refer with certainty to the physical dimensions and cultural components of the scene re presented in front of him [Vallejos, Mita, Berto, Toto]» [20].

Si *Psycho* «begins with the normal and draws us steadily deeper and deeper into the abnormal» [21], *La traición*, de un modo semejante, se abre en la banalidad de lo cotidiano para llevarnos a la tensión íntima de unas vidas prisioneras en la mediocridad. El texto fílmico se vale de la mímesis directa; la novela de una oralidad que opera como representación y se hace, por esto, visual también [22].

---

[20] GIANFRANCO BETTETINI, *The Language and Technique of the Film*, trad. de David Osmond Smith (The Hague-París: Mouton, 1973), p. 94.

[21] ROBIN WOOD, *Hitchcock's Films* (London: The Tantivy Press, 1977), p. 106.

[22] La influencia de Hitchock como «modus operandi» inicial es aún más explícita (y el propio Puig así lo ha reconocido en una conversación personal sostenida en su apartamento neoyorquino en junio de 1980) en el capítulo primero de BAA, en el que la visión de Clara Evelia, la madre, sirve de prólogo o marco narrativo a la historia de Gladys, la protagonista. El estilo indirecto libre filtra la experiencia interna del personaje a través de un hablante que parece «ver» desde el mismo ángulo. La presencia de un testigo furtivo (el narrador básico, el lector, otro personaje) está sugerida desde el propio texto: «La madre... estaba segura que nadie la observaba... sobre una de las ventanas se proyectó una sombra... (BAA, 11); «La madre se puso de pie, no miró hacia la derecha —donde habría percibido una presencia inesperada» (BAA, 14). De esta manera se consigue el efecto de la cámara indiscreta que se introduce subrepticiamente en un mundo privado. Es el efecto de la escena inicial de *Psycho*. En forma oblicua, avanzando desde la ventana, la cámara enfoca como desde abajo, desde esquinas, a una pareja de amantes que discuten. La cámara viene a reforzar el carácter furtivo del episodio, lo mismo que en BAA, el registro indirecto de narrador/lector sirve de comentario al clandestino encuentro de Gladys y Leo Druscovich. La apertura de BMA, en cambio, combina lo mimético y lo representativo, ya que el relato de la película inicial (plano representativo) está dado a través de la mímesis del personaje que la cuen-

Verbalmente, el capítulo equivale a un «establishing shot» («toma establecedora») cuya función es «to establish in an audience *as a sort of frame of reference,* the locale and the action in which closer, more detailed shots take place» [23]. De ese modo, ya desde el comienzo, *La traición* pone en juego elementos cinemáticos que sugieren una cámara oscura (la oscuridad inicial del texto), el modelo del ojo (la visión, la lectura) y la grafía (la imagen, la escritura) [24]. Todas estas analogías revelan la proyección a un espacio imaginario, al vacío inicial de una pantalla/texto de ficción. En ese espacio espejeante, como testigos/espectadores, estamos forzados a leer desde nuestro espacio y nuestro cuerpo (ese otro texto), intentando hacer una lectura que, como en el cine, tal vez no sea más que la lectura de nuestra propia identidad. Pero no nos adelantemos.

La cámara tiene por objeto «mettre en lumière, mettre en scène, réduire le monde à ce qui peut être vu, exposé» [25]. Un efecto parecido tiene lugar en *La traición* ya que el universo imaginario se reduce, marcando los límites de la historia. A través de un salto espacial —el espacio en blanco de la página como el esfumado en negro del cine— estamos en el siguiente capítulo que, a través del subtítulo, se focaliza en un tiempo y un espacio, «En casa de Berto, Vallejos, 1933».

En el diálogo casual de dos criadas que hablan acerca de Berto (desde una percepción externa o literal de la realidad ya que no tienen acceso a la conciencia del personaje que les ocupa) [26], se confirman ciertos indicios previos.

---

ta. El equívoco que se establece resulta de una transparencia total de los dos planos, que funda desde la partida la dialéctica ambigüa entre los espacios reales e imaginarios.

[23] Lewis Hermann, *A Practical Manual of Screen Playwriting* (New York: New American Library, 1974), p. 98. El énfasis es nuestro.

[24] Analogías sugeridas por el texto de Jean Collet, «Caméra», en Jean Collet et al., *Lectures du film* (París: Albatros, 1977), pp. 40 ss.

[25] Collet, p. 43.

[26] Es un caso de narrador < personaje («visión desde fuera»). Ver Todorov, «Les catégories», p. 143.

Berto es buen mozo, «es lindo como un artista de cine» (TRH, 29); tiene problemas económicos, «con la sequía se le murieron todos los novillos al señor» (TRH, 24) y parece estar orgulloso e ilusionado con el hijo recién nacido. La visión de las criadas reitera la potencialidad conflictiva del personaje ya que si bien se insiste en la apostura física de Berto, también se hace evidente que sus intereses son normales y prosaicos. Roberto Echevarren ha señalado una regla de oposición constante en las obras de Puig, según la cual, «a un lugar imaginario sin lugar —cine— [corresponde] un lugar sin interés y sin imaginación —circunstancia de los protagonistas» [27]. Es lo que opera aquí, porque si asumimos que Mita se ha casado con Berto porque éste tiene la apariencia de un actor de cine, el Berto real que surge de la visión de las criadas es sólo un hombre corriente, más esposo que galán. Esto lo sitúa, sin duda alguna, en el ámbito de la circunstancia sin glamour, en el espacio de la realidad rechazada por Mita y, más adelante, por Toto.

Inmersas en el discurso errático de las criadas se mencionan dos acciones del personaje que parecen no tener mayor importancia: Berto ha escuchado, por casualidad, una conversación entre Mita y su hermana Adela; también ha escrito una carta que luego destruye. La aproximación al personaje, especie de «close-up», es desconcertante puesto que, a partir de aquí y exceptuando el último capítulo, Berto desaparece coma figura central del relato. Sólo al final entenderemos que en esta ausencia radica, precisamente, el conflicto de Toto

---

[27] ROBERTO ECHAVARREN, *El beso de la mujer araña* y las metáforas del sujeto», en *Revista Iberoamericana*, 102-103 (1978), p. 66.
En Molina, el lugar imaginario sustituye al lugar real; en BAA, el esquema de conflicto está presente en el contraste entre las escenas pasionales y glamorosas de las actrices y la realidad de una mujer desmedrada física y moralmente; la oposición entre el amor realizado (imaginario) y el amor frustrado (real). La interpolación de estas escenas claves sirve de contrapunto y/o referente fantasmático del deseo de Gladys y de la ambigüedad sexual de Leo. Respecto a la función de estas escenas como epígrafes, véase JUAN ARMANDO EPPLE, «*The Buenos Aires Affair* y la estructura de la novela policíaca», en *Revista de Literatura Hispanoamericana*, 10 (Enero-Junio, 1976), pp. 31-43.

y que este capítulo subraya, por oposición, el desarrollo del motivo básico de la obra, el de la búsqueda de la figura paterna [28].

Digamos, antes de seguir adelante, que —excluyendo el capítulo que cierra la obra— la estructura de *La traición* se funda en una sucesión cronológica de monólogos interiores, diálogos, diarios de vida, composiciones escolares y anónimos. Cada capítulo/secuencia constituye una unidad que se puede considerar autónoma porque, fuera de la progresión temporal, no parece existir una continuidad de visión, de personaje o, aparentemente, de acción [29]. En la medida en que la mayoría de estos textos son miméticos, directas transcripciones de actos de habla, funcionan como close-ups mentales que, como su equivalente fílmico, sirven para mostrar lo más íntimo de cada personaje y se constituyen en «dramatic revelations of what is really happening under the surface of appearances... the hidden little life» [30].

Si en el cine basta la expresión de un rostro en primer plano, en *La traición* los sentimientos, modos e intenciones de los personajes se verbalizan en estas voces que comentan acerca de los acontecimientos de la vida cotidiana de Coronel Vallejos, vistos en una serie sucesiva de «flash-backs». El término designa, en el film narrativo, un brusco y breve (flash) segmento autónomo que se sitúa en un «pasado» en relación al «presente» de la ficción (back) [31]. Como espera-

---

[28] Funciona, en cierto sentido, de manera similar al capítulo primero de BAA, centrado en la figura de la madre y que sirve de comentario al conflicto entre madre e hija, la ausencia de la primera originada en este caso por el rechazo de la hija.

[29] Esto es más notable en BAA, en donde la proliferación de perspectivas y los saltos temporales construyen una novela como estratificada en secuencias sin mucha continuidad lógica, pero que se justifican por el suspenso psicológico sobre el que la novela se arma.

[30] BÉLA BALÁZS, «The Close-Up», en Gerald Mast y Marshall Cohen, editores, *Film Theory and Criticism* (London-New York: Oxford University Press, 1976), pp. 186-187.

[31] MARC VERNET, «Flash-back», en *Lectures*, p. 96.

Si bien el capítulo inicial de BAA nos sitúa en un presente, la mayor parte de la novela se constituye a través de saltos hacia

mos demostrar, el recurso opera en la mayoría de los capí
tulos/secuencias y se adecúa perfectamente a la visión de
conjunto final, en la que todo el texto puede verse como un
gran recuerdo o memoria.

La transición entre los fragmentos de la diégesis se produce a través del recurso tradicional del espacio en blanco,
análogo al fundido en negro usado en el cine para separar
dos segmentos autónomos. Como allí, la ausencia de texto
narrativo no indica en absoluto que no haya nada que decir;
al contrario, el silencio aparente está siempre preñado de
significación. Como dice Metz, «le fondu au noir [el blanco
de la página] est un segment filmique [narrativo] qui ne
donne rien à voir, mais qui est très visible» [32].

En el cine, la transición hacia el flash-back se hace a través de signos de carácter puntual («ponctuatif»), como en el
«fundido encadenado», en el que el personaje o su voz o ambos se esfuman gradualmente para dar lugar a la representación de ese «entonces» [33]. En *La traición,* el paso se marca
a través de la forma verbal que cambia de presente a pasado aunque con frecuencia, como en el caso de los monólogos interiores de Toto, el pasado se actualiza sin puntua-

---

el pasado que se actualiza para reconstruir las vidas aparentemente disímiles de Gladys y Leo, víctima y verdugo, perseguido y
perseguidor. La continuidad temporal retomada en los capítulos
finales tiene que ver con la estructura de la novela policial que
Puig utiliza, una estructura hecha de ausencias que sólo se hacen
presencia en la conclusión. Véase Todorov, «The Typology of Detec-
tive Fiction», en *Poetics of Prose,* trad. de Richard Howard (Ithaca: Cornell University Press), p. 44 y ss. y JUAN ARMANDO EPPLE,
art. cit., pp. 21-56.

BMA se construye cronológicamente desde un presente sin fecha
(el de la celda) que sólo se determina a través de los documentos
oficiales. El recurso sirve para enfatizar que a un lugar excluido
del espacio social —la cárcel— corresponde un presente sin tiempo,
atemporal. Véase MARCELO CODDOU, «Complejidad estructural de
El beso de la mujer araña de Manuel Puig», en *Inti,* 7 (Primavera,
1978), pp. 15-27.

[32] METZ, «La grande syntagmatique», p. 121.

[33] METZ, «Ponctuations et démarcations dans les films de dié-
gèse», en *Essais sur la signification au cinéma,* vol. II (París:
Klincksieck, 1972), p. 111.

ción previa y sólo la construcción de la lectura permite determinar la secuencia lógica de las acciones evocadas [34].

Las implicaciones diegéticas del fundido en blanco de la página deben ser numerosas (y después comprobaremos que en este escamoteo de la información están las claves de las tensiones generadas en la novela) porque entre el segundo capítulo y el siguiente hay un salto temporal de seis años. La figura central es ahora Toto quien, desde aquí en adelante, tendrá el rol protagónico, puesto que como personaje interviene, directa o indirectamente, a lo largo de toda la obra [35].

A modo de sinopsis digamos que la historia del segmento tiene que ver con el aprendizaje simultáneo de Todo acerca de los enigmas de la vida, el sexo y el cine. Se transparenta que Mita ha transmitido a su hijo su afición por las películas, porque nos enteramos que ambos van cada tarde al cine, comentan lo que han visto o se cuentan otras películas, haciendo modificaciones en algunos de los argumentos [36].

Es curioso que, al intentar reconstruir el mundo que nos llega desde la conciencia de Toto, el texto suscite una serie de asociaciones, una corriente intertextual determinada por ciertos elementos que evocan otro texto familiar. Realidad versus fantasía, mundo infantil versus mundo adulto, prisión

---

[34] Como en BAA, sobre todo en el largo monólogo masturbatorio de Gladys en el cuarto capítulo, en cuyo caso el recurso funciona como actualización alucinatoria de las experiencias de goce pasadas. Véase Borinsky, «Castración y lujos», pp. 43-44.

[35] En este sentido, la opinión de Alfred Mac Adam de que «in reality, *La traición* has no protagonist in the usual sense of the term so that is impossible for us to identify with one of the characters», parece carente de base frente al contenido de la novela y a lo que sostienen el propio Puig y Armando Maldonado, cuyas opiniones compartimos. Véase ALFRED MAC ADAM, «Manuel Puig's Chronicles of Provincial Life», en *Revista Hispánica Moderna*, 36 (1970-1971), p. 51; SAÚL SOSNOWSKY, «Manuel Puig: Entrevista», en *Hispamérica*, 3 (1973), p. 72; RODRÍGUEZ MONEGAL, «A Literary Myth», p. 62 y ARMANDO MALDONADO, «Manuel Puig: The Aesthetics of Cinematic and Psychological Fiction», Diss. University of Oklahoma, 1977, pp. 13-15.

[36] En la descripción de éste y otros capítulos sigo la precisa síntesis hecha por RODRÍGUEZ MONEGAL en «A Literary Myth», pp. 58-59.

versus libertad; los mismos ejes de oposición que estructuran el mundo imaginario de Alicia en el país del espejo, la
satisfacción del deseo en un universo irreal:

> In another moment Alice was through the glass and had jumped
> lightly down into the looking-glass room. The very first thing she
> did was to look whether there was a fire in the fire place and she
> was quite pleased to find that there was a real one... «So I shall
> be as warm here as I was in the old room» thought Alice «warmer
> in fact because there'll be no one here to scold me away from the
> fire. Oh what fun it'll be when they see me through the glass in
> here and can't get at me! [37].

Lo curioso estriba en que la imaginación victoriana de
Alicia halla en el espejo una apertura hacia el mundo de
la ilusión; Toto, otro personaje a fin de cuentas no menos
victoriano, utiliza un recurso similar al salirse de la realidad
a través de esa forma contemporánea del espejo que es el
cine. Como dice Julia Kristeva, al referirse a la calidad especular del cine, «le speculaire est... le départ le plus pré-
coce des signes, des identifications narcissiques et de la tran-
se fantasmatique d'une identité parlant à une autre: Frayeur
et séduction...» [38].

Aquí se fija la marca inicial de lo especular del cine que,
como veremos más adelante, opera en primera instancia como
espectáculo, luego como espejo, para, finalmente, revelarse
como mero espejismo. Son estos tres niveles funcionando
desde el universo imaginario de las películas los que modu-

---

[37] Lewis Carroll, *Through the Looking Glass,* en *The Annotated
Alice,* Introducción y Notas de Martín Gardner (New York: New
American Library, 1974), pp. 184-185.
La tentación a hacer una relación entre los dos autores parece
irresistible. Así parece demostrarlo el libro de Alicia Borinsky,
Ver/Ser visto (Barcelona: Bosh, 1978) que trabaja con parecidos
planteos intertextuales.
[38] Julia Kristeva, «Ellipse sur la frayeur et la séduction spéculaire», en *Communications,* 23 (París: Seuil, 1975), p. 77.
Los efectos de lo especular en la lectura de Toto se analizan
más adelante. Preferimos el término como traducción de «spéculaire», en lugar de «espejeante», porque así se conserva la notación
«especulativa», además de la obvia de espejo/reflejo.

lan las experiencias de Toto, sus percepciones y conoci-
mientos [39].

La fascinación primera por el espectáculo permea este
monólogo inicial que, a grandes rasgos y en la superficie,
presenta una visión típicamente infantil. Desde el presente
absoluto del niño, la realidad fluctúa entre lo concreto y lo
fantástico, reflejando la preocupación de Toto por tratar
de comprenderse y comprender el complejo y extraño mundo en el que le toca vivir. Se percibe una primera instancia
de formación ética.

El monólogo presenta una realidad ordinaria que, por in-
comprensible, no resulta suficiente. Esto lleva al niño a re-
currir a dimensiones mágicas y fantásticas que posibilitan
que el mundo adquiera sentido. En la psicología infantil,
esta carencia es satisfecha normalmente a través de juegos
y, más aún, mediante los llamados «cuentos de hadas». Bruno Bettelheim, en su estudio freudiano acerca del significado y la importancia de los cuentos de hadas, señala que
éstos complementan la actividad lúdica infantil al estimular
la imaginación, clarificar las emociones y desarrollar el in-
telecto.

La literatura cumple así un rol formativo que repercute
en todos los aspectos de la personalidad, al dar pleno cré-
dito a los predicamentos del niño y estimular así su confianza en sí mismo. Dado que el niño necesita ordenar su mundo
interior y, sobre esa base, organizar su vida, es imprescin-
dible «a moral education which subtly, and by implication
only, conveys to him the advantages of moral behaviour, not
through abstract ethical concepts but through which seems
tangibly right and therefore meaningful to him. The child
finds this kind of meaning through fairy tales» [40].

---

[39] Sobra decir que la fascinación especular del cine filtra las
percepciones, las creencias y los deseos de Gladys en BAA y las
de Molina, el personaje homoxesual de BMA. Ana la protagonista
de *Pubis angelical* (Barcelona: Seix Barral, 1979), como culminación de un proceso de búsqueda y conocimiento, supera finalmente
la fascinación del imaginario fílmico y abre los ojos a la realidad.
En adelante, las referencias a esta novela aparecen como PA.
[40] BRUNO BETTELHEIM, *The Uses of Enchantment: The Meaning*

El cuento de hadas sugiere imágenes a través de las cuales el niño puede estructurar sus fantasías («daydreams») y con ellas dar mejor orientación a su vida. «The message that fairy tales get across to the child [is] that a struggle against severe difficulties is unavoidable, is an intrinsic part of human existence —but if one does not shy away but steadfastly meets unexpected and often unjust hardships, one masters all obstacles and at the end emerges victorious» [41].

Nos hemos detenido en las ideas de Bettelheim con alguna extensión porque es a partir de estos planteos teóricos que podemos señalar la peculiaridad del modo en que Toto organiza el mundo. Todas las ideas señaladas son aplicables con absoluta pertinencia al caso de nuestro personaje, a excepción de un detalle que resulta ser el elemento diferenciador principal: las fuentes de las fantasías de Toto y, por lo tanto, sus referentes para la aprehensión del mundo externo, adulto y desconocido, no son los cuentos de hadas tradicionales sino películas. En la experiencia de Toto, el texto literario es reemplazado por el texto fílmico que pasa a ser un cuento de hadas de celuloide.

En el fragmento inicial, los pensamientos de Toto están centrados en «tres muñequitos, con la dama antigua peinada de alto con peluca grande y la pollera antigua inflada más cara de seda, los tres muñequitos tienen medias blancas largas hasta el bombachón de seda hasta la rodilla...» (TRH, 31), que resultan ser figuritas de porcelana —probablemente imitación Sèvres— con atuendo versallesco. La detallada descripción de Toto parece indicar que éste tiene en mente algunos cuentos de hadas ambientados en la Francia de los Luises, como *La bella y la bestia, Piel de asno* o *La bella durmiente*. Pero más tarde, en una digresión, el niño alude a un beneficio escolar en el que bailaron una gavota, «el número más lindo» (TRH, 31), y menciona, de manera indirecta, el elemento que da sentido a su asociación mental:

and Importance of Fairy Tales (New York: Vintage Books, 1977), p. 5.
[41] BETTELHEIM, p. 8.

... voy a pensar en la cinta que más me gustó porque mamá me dijo que pensara en una cinta para que no me aburriera a la siesta. «Romeo y Julieta» es de amor, termina mal que se mueren y es triste: una de las cintas que más me gustó. Norma Shearer es una artista que nunca es mala... En la comunión de Héctor había una estampita igual a Norma Shearer, una santa con traje blanco de monja y unas cuantas flores blancas en las manos. La tengo seria, que se ríe y de perfil, recortada de todas las revistas, en muchas cintas que no vi. (TRH, 37-38).

Se trata de *Romeo y Julieta,* en la versión sonora realizada en 1936 [42]. En la película, Norma Shearer repite una vez más su rol de mujer digna, espiritual y conmovedora [43]. Conocida en su época como «la primera dama de Hollywood», tanto por sus rasgos personales como por el hecho de que interpretara a tantas damas en la pantalla, Shearer proyecta una imagen cinematográfica que coincide con la impresión de Toto: sofisticada y noble, encarnación eterna del triunfo «respetable», en absoluto contraste con la imagen de la vampiresa al estilo de una Theda Bara o de una Pola Negri y distinta de la muchacha de clase media que aspira a subir, como Clara Bow, Jean Harlow o la Joan Crawford de los primeros años [44].

Shearer es, en el fondo, el epítome de una imagen maternal de la mujer, una figura llena de dignidad y en la que lo sexual se transforma en «class and containment, not sensuality», como acertadamente observa Marjorie Rosen [45]. Es el efecto buscado por Hollywood que por los años 30 se encuentra en plena campaña de promoción para implantar el mito de la «estrella de cine».

---

[42] GEORGE CUKOR, director, *Romeo and Juliet,* con Norma Shearer, Leslie Howard, John Barrymore, Basil Rathbone, MGM, 1936.

[43] Entre ellas, *María Antonieta* que, sin ser mencionada todavía es el referente de Toto que le permite asociar los elementos connotados por lo versallesco con la figura de la actriz. Esto se comprueba en el monólogo siguiente.

[44] Ver JOHN KOBAL, *Romance and the Cinema* (London: Studio Vista, 1973), p. 74.

[45] MARJORIE ROSEN, *Popcorn Venus: Women, Movies and the American Dream* (New York: Coward, Mc Cann and Geogheghan, 1973), p. 108.

Con este fin, la imagen cinematográfica de la actriz se refuerza con una serie de códigos corporales (gestualidad, maquillaje y vestuario) que, de una manera muy simplista y a través de la apariencia, tiende a identificar Bondad y Belleza. El espíritu perfecto con un físico a la par, envuelto éste en trajes y peinados que eran admirados y copiados en el mundo entero. La belleza como signo de virtud, bien, verdad, justicia y amor [46]. Los innumerables personajes protagonizados por la actriz no eran más que variantes iterativas de la personalidad fabricada para la estrella

Esta simple codificación actancial de la «heroína buena», basada en el aspecto iconográfico de la imagen, es la que determina el nivel de la lectura de Toto [47]. Aunque Christian Metz ha disminuido la importancia de lo iconográfico en el cine actual, reconoce la existencia de una época del cine, no tan distante, en la que los vaqueros buenos usaban camisas blancas y los malos, camisas negras. Es el mismo sistema de codificación al que alude Erwin Panofsky cuando señala que durante los años del cine mudo aparecían, identificados por una apariencia, conducta y atributos determinados, los bien recordados tipos de la Vampiresa, la Niña Buena, el Hombre de Familia y el Villano. Panofsky indica que se trata de una actualización de las personificaciones medievales de los Vicios y las Virtudes [48]. La codificación no había cam-

---

[46] Véase Edgar Morin, *Les stars* (París: Seuil, 1972), p. 118.

[47] Con diferencias de gustos, idéntico fenómeno se produce en las lecturas de Gladys en BAA. Para ésta, los modelos ya no son tanto de tipo maternal, sino mujeres/actrices de personalidad fuerte que dentro del sistema patriarcal parecen ocupar una posición de igualdad respecto al hombre, pero siempre en el plano del romance. De ahí las citas fílmicas de Garbo, Dietrich, Davis, Lake, que subrayan la carencia de la vida real.

Las heroínas de Molina, en cambio, son tipos en que la noción de feminidad (pasividad) está muy exacerbada, heroínas «por amor» del romanticismo más estereotipado. También son anónimas, como para reflejar el proceso de apropiación absoluta, la identificación alucinada del personaje con las imágenes fílmicas. Molina *es* (quiere ser) a través de todas ellas.

[48] Citado por Peter Wollen, *Signs and Meaning in the Cinema* (Bloomington-London: Indiana University Press, 1976), pp. 145-146.

biado tanto en las primeras décadas del cine sonoro y es
este esquema en blanco y negro el que Toto utiliza como
referente [49]. Norma Shearer no es el único modelo, sin embargo.

En otro momento, Toto recuerda haber contado «una cinta de bailes» a una criada, cinta de la que no menciona el título, pero que tiene como protagonistas a Ginger Rogers y
Fred Astaire. Esta «pareja dorada» de los musicales hollywoodenses de la Depresión, a partir de su primer encuentro en *Flying down to Rio* [50], ha filmado en rápida sucesión
una serie de cintas ambientadas en lujosos escenarios. En
tales películas la acción se reduce, casi sin variación, a la
fórmula joven-encuentra-niña; joven-pierde-niña; joven-con-
quista-niña. Todo ello matizado con un leve toque de alusiones sexuales, demasiado sofisticadas e inofensivas para ser
tomadas en serio y enriquecido, como es de suponer, con
espectaculares números de baile [51].

Por eso no importa el título de la película que cuenta
Toto; su descripción corresponde a la típica secuencia final
de cualquiera de las películas filmadas por la pareja:

> Y la Felisa, «contame la cinta de bailes» y le dije mentiras
> porque no bailaban ellos dos solos y el viento le levantaba el ves-
> tido de tul a ella y las colitas de etiqueta a él... (TRH, 38).

La fascinación de Toto por las comedias musicales en
general y por las interpretadas por Rogers y Astaire en particular se explica, sin duda, por la artificialidad del género,
que hace de la realidad fílmica no un espacio «realista», sino
un espacio de ilusión, efecto conseguido a través de movi-

---

[49] Aun hoy día, con toda la sofisticación del cine contemporá-
neo, las películas que llegan con más facilidad al gran público son
aquellas en que los personajes pueden ser reconocidos de inmediato, provocando de ese modo, y con mayor fluidez, el fenómeno de
identificación y/o rechazo.

[50] THORNTON FREELAND, director, *Flying down to Rio,* con Dolores
del Río, Ginger Rogers y Fred Astaire, RKO, 1933.

[51] Cf. ROSEN, *Popcorn Venus,* pp. 157-158 y MICHAEL WOOD, *America in the Movies* (New York: Dell, 1975), pp. 49 y ss.

mientos livianos, tomas espectaculares y la intromisión de cantos y bailes como parte natural de lo cotidiano [52]. La irrealidad del género facilita la aparición de un primer indicio en la fantasía infantil, que revela el impulso a transparentarse en el universo imaginario fílmico. En el relato de Toto hay ciertos cambios que no son tan inocentes como parece a primera vista.

El niño incorpora a nuevos personajes en la «cinta de bailes», una serie de pajaritos. Uno de ellos, «... el más bueno de todos... cuando la Ginger no lo ve... vuela y corta la flor del árbol y se la pone en el pelo rubio... ella le hace muchas caricias porque el pajarito le hace este regalo de sorpresa» (TRH, 38). Este elemento que, como Toto reconoce, procede de la versión en dibujos animados de *Blancanieves y los siete enanitos* [53] sirve al personaje para ilustrar la índole de su fantasía, el deseo de participar en la ficción fílmica. El pajarito viene a ser, como se evidencia más adelante, su alter ego en el espacio de la ilusión [54].

---

[52] Dice Michel Marie: «Les codes du vraisemblable de la comédie musicale n'ont rien à voir avec les codes du réalisme classique et supposent donc une attitude spectatorielle différente, libérée de ces contraintes narratives...», todo lo cual refuerza el aspecto idealizante de la diégesis. Cf. MICHEL MARIE, «Comédie musicale», en *Lectures*, p. 58.

[53] WALT DISNEY PRODUCTIONS, *Snow White and the Seven Dwarfs*, RKO, 1937.

[54] Esta transparencia del modelo fílmico en el personaje novelesco es el primer signo de un proceso que culmina hacia el final de la novela y que como constante actancial resurge, con variantes, en los personajes centrales de las obras posteriores. Gladys, la protagonista de BAA, intenta ser la copia «real» del modelo, a través de las gafas oscuras y el peinado a lo Verónica Lake, superficies equívocas que, al mismo tiempo que ocultan su verdadero ser, disfrazan la carencia física, la falta de un ojo. Véase MARTA MORELLO-FROSCH, «La sexualidad opresiva en las obras de Manuel Puig», en *Nueva Narrativa Hispanoamericana*, 5 (Enero-Septiembre, 1975), p. 154.

En Molina (BMA) se trata de la copia gestual de las artistas, gestos que revelan el ser interior, el «alma», en la creencia del personaje. Lo mismo se revela en su deseo de compartir el encanto de las estrellas a través de la apropiación de los nombres propios que, como apodos, resultan en Greta, Marlene, Mecha, Jedi (por Hedy

Rogers y Astaire vuelven a aparecer, esta vez a propósito de la película *The Story of Vernon and Irene Castle* [55], en la que el acostumbrado final feliz tiene una variación. Para Toto es «la más triste» porque «es de bailes y termina mal» (TRH, 39): Astaire ha muerto en la guerra pero al final, en una secuencia filmada en doble exposición («en transparencia», para Toto), él y Rogers vuelven a bailar y se alejan bailando, para siempre, podemos suponer. La interpretación que Toto y Mita comparten es que «ella lo sigue queriendo como cuando bailaban juntos, aunque ahora él esté muerto» (TRH, 40) y que Ginger Rogers no está triste porque «ya nada los puede separar, ni la guerra ni nada» (TRH, 49).

La lectura corresponde al código impuesto por Hollywood en el tratamiento del tema «amor más allá de la muerte», que John Kobal explica como un intento de «espiritualizar» la relación erótica, un resabio del romance místico de la época victoriana y que encuentra en el cine hollywoodense, dominado por una ética protestante, un natural vehículo de expresión.

El tema fue explotado con notable éxito en películas como *Smilin' Through* (con Norma Shearer), *Death Takes a Holiday, Maytime* y, en un clásico ejemplo del estilo de Hollywood, la versión de *Wuthering Heights,* en cuya secuencia final las figuras fantasmales (transparentes) de Heathcliff/Laurence Olivier y Cathy/Merle Oberon caminan de nuevo hacia sus adorados páramos, inseparables por la eternidad [56]. La carga irreal y subliminalmente represiva del tema

---

Lamarr), etc. Esta última es precisamente la imagen estelar que origina los niveles de realidad en PA; Ana se mueve en un plano real (el de ella en México y la evocación de Argentina), uno real-ficticio (la biografía ficcionalizada de Hedy Lamarr) y un nivel de ficción realista —«realizante» más bien— que, partiendo del puro nivel imaginario de la ciencia-ficción, atraviesa e interpenetra los contenidos de la vida imaginada de Hedy Lamarr para resolverse en el enfrentamiento final con la realidad «real».

[55] H. C. POTTER, director, *The Story of Vernon and Irene Castle,* con Ginger Rogers y Fred Astaire, RKO, 1939.

[56] SIDNEY FRANKLIN, director, *Smilin' Through,* con Norma Shearer y Leslie Howard, MGM, 1932. Hubo una versión muda en 1923 y una nueva en 1941, lo que indica la popularidad del tema.

es llevada en la película musical al colmo de la artificialidad. Fred Astaire/Vernon y Ginger Rogers/Irene, en un
final que ha sido descrito como «almost unbearably moving» [57], quizá por la extraordinaria mezcla de amor y baile
más allá de la muerte, dirigen y explican la lectura fílmica
de Toto, que insiste en la cualidad ideal y redentora de ese
mundo en el que él y Mita se proyectan. Esta inicial lectura
de la «transparencia» es clave para los eventos posteriores
porque en ella se funda la fijación en lo fantasmagórico,
que luego cobra un sentido psicoanalítico.

Del monólogo emerge otra actividad practicada por madre e hijo que también revela el deseo de querer perpetuar
y actualizar el universo imaginario:

... mamá dibujó en un cartón a Romeo, en otro a Julieta, después
el balcón y Romeo que se va subiendo por la escalerita de soga y
Julieta que lo está esperando y ayer quedó dibujada otra cinta, la
de Ginger Rogers y él que se muere... (TRH, 40).

Se trata de reproducir, de fijar la fantasía a través de
dibujos de escenas claves de las películas que les han impresionado [58]. No se trata de «stills» o tomas individuales
de un film, porque éstas, como señala Barthes, imponen una
lectura que es instantánea y vertical a la vez; tampoco se

MITCHELL LEISEN, director, *Death Takes a Holiday,* con Frederic
March, Paramount, 1941.

CEDRIC GIBBONS, *director, Maytime,* con Jeannette Mac Donald y
John Barrymore, MGM, 1934.

WILLIAM WYLER, director, *Wuthering Heights,* con Merle Oberon,
Laurence Olivier y David Niven, United Artists, 1939.

Para un estudio sobre el tratamiento del tema, puede verse
JOHN KOBAL, *Romance and the Cinema,* pp. 97-100.

[57] Es la opinión de PATRICK MC GILLIGAN en *Ginger Rogers* (New
York: Pyramid Publications, 1975), p. 90.

[58] La copia como pulsión originaria que también determina a
Gladys (BAA), primero en el afán infantil de copiar los «budines»
de *Rico Tipo* y luego en la alienación de su producción artística y
de su vida personal. Véase PHYLLIS MITCHELL, «The Reel Against
the Real: Cinema in the Novels of Guillermo Cabrera Infante and
Manuel Puig», en *Latin American Literary Review,* 11 (1977),
pp. 24-25.

trata de fotografías, puro efecto de denotación [59]. Como dibujos, las escenas fílmicas, aunque parezcan denotar, transmiten siempre un mensaje muy codificado. Para Barthes, esto se refleja en la operación de dibujar, en la que el dibujante hace siempre una distinción entre lo que le parece significativo y lo que no le interesa; el dibujo no reproduce todo. Por tal razón, «the denotation of the drawing is less pure than that of photography for there is no drawing without style» y «the execution of the drawing itself constitutes a connotation» [60].

La realización del dibujo implica una selección semántica (Toto escoge los que para él son los momentos significantes del texto fílmico), un modo de connotación (los nuevos significados que surgen a partir de esta selección) y una forma de estilo, que se demuestra cuando Toto utiliza colores para reproducir escenas de películas filmadas, en su mayoría, en blanco y negro [61]. La secuencia visual de los «cartoncitos» sirve de refuerzo a los relatos de películas entre Mita y Toto, una reescritura de los textos fílmicos que se demuestra como subjetivación de los contenidos originales: la alteración delata los deseos escondidos de los protagonistas [62].

---

[59] Cf. ROLAND Barthes, *Image, Music, Text*, trad. de Stephen Heath (New York: Hill and Wong, 1977), p. 68.
Es el efecto que se consigue al comienzo de cada capítulo de BAA en la edición española. La combinación de guión y still de la escena fílmica provoca la lectura «instantánea y vertical» de que habla Barthes, enfatizando más la distancia entre el «allí» de la película y el «aquí» de la situación narrativa.

[60] BARTHES, *Image*, p. 43.

[61] Este rasgo de estilo como reescritura es particularmente notable en los dibujos verbales que vienen a ser los relatos de Molina en BMA. Este retrata a los personajes y describe los escenarios incorporando colores a una superficie fílmica que, en su forma original, era casi siempre en blanco y negro. Un ejemplo preciso puede verse en la descripción de la protagonista de *The Cat People*, la película con la que se inicia la novela.

[62] Es el mecanismo básico de lectura/reescritura que se establece como práctica entre Molina y Valentín, su compañero de celda y amante eventual (BMA). A través de los textos fílmicos, leen y se leen. En Gladys (BAA), podría decirse que el proceso reescritural se realiza en sí misma, como cuerpo que (se) escribe de acuerdo a las trazas fílmicas.

Shirley Temple es otro ícono de bondad que refuerza los valores morales de Toto y le sirve de modelo. En un momento en que la conciencia de Toto fluye libremente, aparece la alusión a una cinta de asesinatos; por analogía, el niño evoca un documental en el que una planta carnívora devora peces (TRH, 42). Luego, a partir del cuento de una criada acerca de gitanos que se roban a los niños, Toto imagina una historia en la que se mezclan indiscriminadamente sus miedos y deseos, sus experiencias cotidianas y fílmicas.

En una curiosa asociación, motivada por ciertos juegos de naturaleza sexual a los que lo induce una amiguita, Toto identifica la planta carnívora con el acto sexual. En la imaginación de Toto, el muchacho que posee a Pocha tiene pelos que «son los que se comen a los pescaditos en la cinta del fondo del mar» (TRH, 44). A esto se suma, de manera confusa, la sensación de rechazo que experimenta el niño por el enojo de su padre, contrariado por la insistencia de Toto en dibujar películas. De este collage mental de experiencias diversas emerge la evocación salvadora de Shirley Temple.

Esta actriz infantil de los años 30 se ha hecho famosa gracias a la combinación de cierta dosis de talento, unos rizos rubios y una sonrisa descrita como «irresistible». La fórmula de sus películas, explotada hasta el colmo, es muy simple (y muy efectiva, a juzgar por su popularidad): Temple, con su presencia querúbica, triunfa con facilidad allí donde los adultos han fracasado estruendosamente. Sin mayor esfuerzo, ayuda a los mayores a resolver todo tipo de problemas, sean éstos de negocios, legales o sentimentales. De paso, y como es de esperar, se conquista el amor de todo el mundo.

Marjorie Rosen apunta que detrás de esta inofensiva imagen de personalidad y fuerza infantil subyace una fuerte represión contra la mujer adulta, ya que la presencia de la energía femenina es neutralizada por el hecho de que Temple es una nena y «precisely because she was young —and not yet a sexual being to control or fear— she could dictate her needs, act on her whims, and meddle in the bussiness of all concerned. As a child —and therefore a neuter— she possessed tremendous latitude; her opinions counted in areas where no adult woman would dare, much less be heeded» [63]. Pero Toto no está consciente de esto y su lectura de la actriz es la lectura dirigida por las películas:

> Shirley Temple es chiquita, pero es artista y es siempre buena, que la quieren todos mucho y tienen un abuelo malo de pelo largo blanco en una cinta y fuma una pipa que al principio ni la mira y después la empieza a querer porque es buena. (TRH, 46).

La sinopsis argumental pertenece a *The Little Colonel* [64] y la evocación surge inmediatamente después que Toto es reprendido por su padre, lo que hace obvio que en la situación fílmica el niño proyecta su deseo de ser bueno y, al manifestar su sentimiento de ser rechazado, el deseo de conquistar el amor de Berto, cuyo doble fílmico viene a ser el «abuelo malo» de Shirley.

Marta Morello-Frosch ha escrito que si bien el cine «enters into life, films are modified by personal experience, and life, dreams and even the films are 'filmized', so to speak... at no time do the characters want to be like the heros of the screen» [65]. No compartimos esta última opinión, ya que a partir de la experiencia del rechazo que acentúa su sentimiento de inseguridad frente a lo real, Toto crea una historia en la que participan todos los elementos anteriores. Allí se hace muy patente el deseo de proyectarse en el espacio irreal, el punto de partida de un proceso que irá en aumento en las fantasías generadas por sus lecturas posteriores.

En la «película imaginaria» hay un gitano esperando a

---

[63] La fórmula se usa (entre otras) en *Little Miss Marker* (1934), *The Little Colonel* y *The Littlest Rebel* (ambas de 1935), *Poor Rich Little Girl* (1936) y *Dimples* (1937). Todas estas películas fueron «cometidas» por Fox. Véase ROSEN, *Popcorn*, pp. 182-183.

[64] DAVID BUTLER, director, *The Little Colonel*, con Shirley Temple y Lionel Barrymore, Fox, 1935.

[65] MARTA MORELLO-FROSCH, «The New Art of Narrating Films», en *Review*, 4-5, pp. 53-55.

Toto, pero éste se ha convertido en un «pececito»; el gitano roba a una niña y la viola, «se la va comiendo toda» (TRH, 47). Cerca de allí, raptada por el gitano, «atada a un árbol cerca de los caballos está la Shirley Temple» (TRH, 47); Toto/pececito va y le desata la soga y la niña se escapa. A través de este pequeño acto de coraje imaginario, como ayudante de la heroína, Toto puede pensar que es o está siendo tan bueno como la actriz infantil y satisfacer vicariamente su deseo. Notemos que el modelo icónico se superpone al modelo axiológico: no se trata de ser bueno, Toto quiere ser tan bueno *como* Shirley Temple. En el modelo fílmico, con su carga connotativa de aparente plenitud y dominio del mundo, el niño encuentra una vía de salida a la frustración, una forma de renovar sus ilusiones. Pero la aventura no termina allí.

En un nivel más típico del «day dream», entendido en el sentido freudiano de «very transparent phantasy formations... literally wish-fulfilments of ambitions or erotic wishes...» [66], Toto exterioriza sus temores al mismo tiempo que su necesidad de gratificación en una serie de imágenes desdobladas en que Toto/pececito es también una «negrita», proyección de la amenaza de Berto de ponerle polleras por haber ido al baño de las mujeres y del miedo a que le pinten la cara de negro. Toto/pececito y Toto/negrita (en la fantasía) lloran porque no pueden escapar del gitano malo y Toto (real) reflexiona: «mejor cierro la ventana porque lo van a despertar a Berto que los ruidos lo ponen nervioso» (TRH, 48). Ante la aparición del gitano, pececito y negrita saltan a una laguna —imagen espejeante— para luego, como antes Ginger Rogers y Fred Astaire, subir al cielo «en transparencia». Allí se reúnen con un pajarito. La elaboración fantástica sugiere en forma muy clara que pececito, negrita y pajarito operan como travestismos, como transparen-

---

[66] SIGMUND FREUD, «Children's Dreams», en *A General Introduction to Psychoanalysis,* trad. Joan Riviere (New York: Pocket Books, 1971), p. 137.

cias del propio Toto en el «cielo» de la ilusión creada por los textos fílmicos.

El motivo básico que desencadena toda esta proyección de la fantasía es el temor a la figura del padre. Berto, convertido en el abuelo malo de Shirley, en el gitano y en el dueño del pececito, representa el principio masculino de dominación, violencia y agresión. La ambivalente orientación de los afectos de Toto se revela en sus actitudes contradictorias, buscando el amor del padre al mismo tiempo que se escapa y lo niega e identificándose de alguna manera con la heroína no agresiva, con el principio femenino que conquista gracias a su encanto.

El monólogo concluye con una toma panorámica de Vallejos, con un Toto/pajarito que vive feliz en las nubes cerca de Ginger Rogers. El gitano ha desaparecido del corral. Al eliminar el elemento de conflicto (la figura paterna), Toto representa simbólicamente la ausencia que estructura su mundo, la carencia problemática que, de un modo vicario, puede suplir en la fantasía alimentada por el cine.

Al referirnos a la forma discursiva de este capítulo, hemos hablando de monólogo interior. En realidad, y como también sucede en el resto de la novela, el monólogo interior y la corriente de conciencia son dos formas de narración subjetiva que están en constante superposición como posibilidades del discurso. No es raro que ambos tipos de «narración-con» ocurran al mismo tiempo; lo interesante es la mezcla que resulta entre el monólogo interior, definido como «the depiction of thoughts already in verbal forms in the character's mind, the direct imitation of one's silent speaking to one self», y la corriente de conciencia, que implica una transcripción directa de los contenidos mentales, no sólo del área verbalizada ,sino de toda la conciencia [67].

En la sintaxis fracturada de la corriente de conciencia se incluyen las impresiones que Seymour Chatman denomina

---

[67] SEYMOUR CHATMAN, *Story and Discourse: Narrative Structure in Fiction and Film* (Ithaca: Cornell University Press, 1978), p. 187.

«sense impressions», las reacciones subjetivas que existen sin llegar a formularse en palabras. Dada la naturaleza no conceptual de estas impresiones sensoriales, la estructura narrativa necesita alguna forma de expresión, que, no obstante usar palabras, provoque un efecto no verbal, es decir, no conceptual. Chatman señala que la fuente directa para estos ejemplos es el cine porque «the cinema can in fact communicate... sense impressions purelly visually» [68].

Desde aquí puede entenderse la «escritura» mental de Toto. Si bien éste alude a un cierto número de acciones cotidianas (ir al cine, dibujar «cartoncitos», relaciones familiares, juegos), tales experiencias se convierten en el punto de partida para la ilustración de sus temores y deseos inconscientes. Las imágenes que resultan de la mezcla de acontecimientos diarios, escenas de películas y aventuras imaginadas fabulan o representan los niveles subjetivos. Este lenguaje que apela más a lo sensorial/visual escribe las sensaciones y sentimientos que aún no hallan su conceptualización [69]. Como en los sueños, la representación visual construida a partir del modelo fílmico sirve de cobertura a contenidos de conciencia que no encuentran o no quieren encontrar su expresión. La preferencia de Toto por películas «femeninas», por ejemplo, delata un primer estadio de la paulatina identificación inconsciente con la figura materna y la expresión disfrazada del temor y la fascinación que la figura del padre le provoca. En la libre asociación de las

---

[68] CHATMAN, p. 187.

[69] La visualización de las impresiones subjetivas no es exclusiva de Toto. En BAA, Gladys utiliza el mismo recurso al hacer el recuento de su vida; más que tratar de explicar, trae una serie de imágenes a su memoria. Más adelante, en el capítulo XIII, la técnica funciona como un still cinematográfico («freeze») o una toma en cámara lenta que nos hace «ver» las sensaciones de los protagonistas en términos puramente visuales. La serie de imágenes revela, en forma oblicua, las dimensiones escondidas de los deseos y obsesiones que acosan a los personajes. Un certero análisis del capítulo como plasmación visual de significantes inconscientes es el de ROBERTO ECHAVARREN, «La superficie de lectura en The Buenos Aires Affair», en Espiral, Revista 3 (1977), pp. 153-172.

imágenes que crea, Toto escribe la historia de su desamparo.

El desenlace de la fantasía, «triste y feliz» al mismo tiempo, encierra un elemento disonante que el personaje tal vez intuye de una forma oscura: la imposibilidad del perfecto «happy end», aun en el mundo cerrado de la ilusión que habitan Rogers y Astaire. De igual manera, la proliferación mental de los sucesos cotidianos disfrazados en la fantasía es una evidencia de que su estado psíquico no existe sólo en relación a sí mismo, sino en una problemática relación en los demás. En la frase de Todorov, «l'objet qui nous échappe est nécessairement tout différent de celui qui nous poursuit» [70]. Aplicada a la novela, la frase marca la oposición básica entre la circunstancia del protagonista y el mundo del cine, oposición que a nivel real se manifiesta en la lógica de las acciones [71].

El mundo imaginario del cine es el objeto del deseo de Toto. Poseerlo, integrarse a él o, por lo menos, reflejarlo en la vida prosaica de Coronel Vallejos es su meta. Mita, al compartir el gusto de su hijo hace un rol de participante/confidente en el proceso [72]. En el polo opuesto está el padre, quien, como figura actancial y afectiva, se sitúa en el lugar «sin imaginación y sin interés» del espacio real de la novela. Para Toto y Mita, su rechazo del cine constituye una negación a participar en la ilusión, con lo que se confirman las marcas de carácter que indicialmente habían sido señaladas en los capítulos iniciales.

El cine está subjetivado de tal forma que determina incluso la calidad de los lazos afectivos y familiares de Toto.

---

[70] TODOROV, «Lecture», p. 419.
[71] Seguimos a TODOROV, «Les catégories», pp. 166 y ss.
[72] Rol paradigmático del universo fílmico que también determina las visiones y actuaciones de Gladys y Molina. Para la primera, el modelo fílmico proporciona un mundo en el que la mujer se realiza como totalidad, satisface su deseo; Molina proyecta su deseo en un espacio poblado por imágenes falsas de feminidad que, significativamente, están unidas por el mismo mensaje: la satisfacción absoluta de la carencia es la muerte.

Mita significa y ratifica el amor maternal; Berto, al contrario, se configura como el padre temido y buscado a la vez, una ausencia signada por la ambigüedad. De la transcripción inconsciente de los sentimientos de Toto surge una clara fórmula edíptica que, en este punto, puede leerse como: «Papá me ignora/me ataca; mamá me ama.»

El monólogo interior, por el uso continuado de las imágenes, por las erupciones de la corriente de la conciencia y de la libre asociación, tiene un marcado carácter onírico. La mezcla de pesadilla y ensueño inscribe la magnitud de la carencia, el origen de la tensión, la fuente conflictiva del deseo [73].

—Mita, podés estar contenta del chico que te salió. Más divino imposible.

—...

—No, te lo aseguro. Se debe haber puesto más feo de grandecito, con cara tosca de hombre, pensaba yo.

—...

—¡El mismo miedo tenía yo! no puede seguir tan lindo, va a cumplir ocho años y lo encuentro divino. (TRH, 51).

—...

Es 1941. El «chico» en cuestión es Toto y la voz pertenece a Choli, una amiga de Mita, con la cual mantiene una conversación telefónica, Aunque hay un diálogo implícito, sólo nos enteramos de lo que dice Choli. En este sentido se trata de un monólogo dramático [74] que nos revela las frustraciones afectivas y sexuales de la mujer, a pesar de su continuo afán por parecer «interesante», empeño que, como señala Borinsky, es entendido y practicado como «el logro de la individualidad a través de un ejercicio de imitación» [75].

---

[73] La determinación visual de los contenidos del inconsciente se parece mucho a la utilizada por Hitchcock en la secuencia onírica de *Spellbound*. La resonancia no es arbitraria al parecer, ya que algo más adelante en la novela la película asume un lugar importante en la experiencia fílmica de Toto.

[74] «Dramatic monologues subsume that a character speaks to another», Cf. CHATMAN, p. 174.

[75] Ver BORINSKY, «Castración y artificios», p. 35.
La frase es muy útil ya que, con las variantes necesarias, de-

Este tipo de conversación, de la que sólo nos enteramos
de una de las partes, si no infrecuente en la narrativa, es
uno de los recursos más usados en el teatro y el cine. En ambos casos, la tarea del espectador es inferir lo que el otro
personaje dice o no dice, la reconstrucción de un acto de
habla marcado por la ambigüedad [76]. Es lo que sucede aquí.
Por una parte, desde el discurso de Choli es posible reconstruir una historia más o menos objetiva, que parece servir
de contrapunto a la vida de Mita; por otro lado, no podemos olvidar que, como acto de habla y como diálogo *manqué*, no es necesariamente exacto o verdadero.

El marido de Choli —con quien ésta tuvo una difícil relación conyugal— ha muerto. Ella ha conseguido un trabajo
«glamoroso» en la firma de «Cosméticos Hollywood», el cual
le permite costear los estudios de su hijo. Por exigencias del
oficio, Choli debe viajar pr todo el país y así tiene la oportunidad de alojarse en buenos hoteles, conocer hombres interesantes y vestir a la moda. Sin embargo, a pesar de toda
la aparente independencia y satisfacción que este tipo de
existencia parece brindarle, el nivel de la confidencia nos
hace evidente que todo este «glamour» es mantenido a costa
de sacrificios personales y que la vida afectiva y sexual de
la mujer es un fracaso.

El hombre sensible, educado, apuesto y elegante —el típico galán de cine de Hollywood— que Choli espera encontrar,
no aparece. Sólo la esperanza mantiene la ilusión y en la
soledad de un cuarto anónimo, cambiando de peinados y
vestidos frente al espejo, Choli puede imaginar que es una

fine las aspiraciones de casi todos los personajes de Puig, como
sobrevaloración de la apariencia, de un «verse como» que disfraza
el verdadero ser. Es lo que persiguen en distintas formas Gladys,
Molina e, inicialmente, Ana, la protagonista de PA.

[76] En rigor, todos los actos de habla de la novela están signados por la ambigüedad. La preferencia por este tipo de recurso es
evidente una y otra vez en la narrativa de Puig. Un ejemplo concreto es la conversación entre María Esther Vila y la policía en el
capítulo X de BAA, de la que sólo oímos/leemos la parte policial.
La ambigüedad de la reconstrucción enfatiza el carácter desorientador y elusivo de la obra.

Greta Garbo esperando a John Barrymore, no en un hotel de provincia, sino en el *Grand Hotel,* como en la película del mismo nombre [77]. Las gafas oscuras, otra forma de máscara, le dan la ilusión de participar en el mundo de las mujeres elegantes y misteriosas de la pantalla, tipo Marlene Dietrich, cuando no son más que el disfraz de una pobre mujer solitaria. Aunque Choli no menciona ni actrices ni películas, es obvio que tiene esos modelos en mente cuando insiste en mantener la ilusión, en dar la apariencia de otra cosa porque «eso es lo principal, que la gente te vea pasar y diga 'qué interesante es esa mujer... quién sabe quién es'» (TRH, 72) [78].

A un nivel superficial, la vida de Choli sugiere un contraste desolador para Mita, porque su amiga parece haber realizado todo lo que ella habría deseado hacer. De las réplicas de Choli inferimos las confidencias de Mita acerca de su frustrada relación con Berto; éste no quiere que su mujer se preocupe de su apariencia personal (TRH, 52); nunca va al cine, sólo Toto comparte la afición (TRH, 53) y es un esposo rutinario y nervioso (TRH, 57-58), rasgos que no van en absoluto con la imagen del galán y que niegan toda posibilidad de una relación «romántica» que, demás está decirlo, no existe en la realidad. Las prácticas cotidianas de ambas mujeres, en apariencia disímiles, revelan a la postre la misma carencia, el mismo melodrama de unas vidas oscuras, prisioneras de la realidad.

El elemento redentor, el consuelo último, surge otra vez reforzado por el referente fílmico: hay que sufrir y sacrificarse con «dignidad» y cumplir con el único papel capaz de redimirlas de la mediocridad, el papel de madre abnegada. El sentimiento refracta el tema del «amor de madre», que en el contexto hispanoamericano constituye uno de los mitos más populares y que el cine americano también ha

---

[77] EDMUND GOULDING, director, *Grand Hotel,* con Greta Garbo, John Barrymore, Joan Crawford, MGM, 1932.
[78] Afán de Choli que reaparece en Gladys. Ver Nota 54.

explotado con notable éxito en toda una serie de «women's films».

En el tratamiento del tema, dice Molly Haskell, el cine de Hollywood incorpora, una y otra vez, el motivo del sacrificio materno para subrayar ideológicamente la obligación de la mujer en el orden patriarcal. En estas películas, «children are an obsession... sacrifice of and for children, the use of children as justification for all manner of sacrifice...» [79].

El sistema, con la mira puesta en los valores sociales establecidos, puede así reforzar subliminalmente esta conducta, al mismo tiempo que al nivel de la apariencia —del espectáculo— entrega la imagen glamorosa de una mujer que encuentra en la maternidad su última «raison d'être», asumiendo esta función con una presencia digna, siempre regia en la felicidad o el infortunio que los hijos puedan ocasionarle. Es el esterotipo que Joan Crawford lleva hasta la perfección masoquista en *Mildred Pierce* [80], ejemplo que bien puede ser el que tienen en mente Choli y Mita.

Sin darse cuenta, ambas mujeres aceptan la política conservadora que impregna el tratamiento del tema, política que, como muy bien observa Haskell, se revela en «the narrative impetus... based on an either/or ethic, on the universally accepted existence of fixed, life-and-death, in or out social rules which is the film's precise purpose to circumvent». Para Haskell, en el fondo el sacrificio es más bien la salida de una hostilidad a través de canales aprobados, la expresión consciente o inconsciente de una obsesión que traiciona el temor a lo opuesto, un rechazo tan intenso que debe disfrazarse como amor. Por la energía emocional y erótica que la mujer pone en el niño, el amor maternal en este tipo

---

[79] MOLLY HASKELL, *From Reverence to Rape: The Treatment of Women in Movies* (Middlesex: Penguin Books, 1979), p. 168.

[80] MICHAEL CURTIZ, director, *Mildred Pierce,* con Joan Crawford y Ann Blyth, Warner Bros., 1945.

También KING VIDOR, director, *Stella Dallas,* con Bárbara Stanwyck, United Artist, 1937.

de películas puede leerse como la expresión disfrazada de
la subterránea frustración del amor sexual [81].

La alusión a los hijos y a la dignidad del rol de madre
sirve de transición al próximo monólogo interior de Toto.
Es 1942, el niño ya tiene nueve años y, a juzgar por las apariencias, sigue explorando los misterios del cine y del sexo.
Como antes, en el monólogo se mezclan las experiencias vi-
vidas con fantasías y reminiscencias de películas y actores:

> Está nublado ahora, pero no llueve más y hasta las tres de la
> tarde que tengo lección de piano me voy al negocio que no hay
> nadie, a dibujar carteles, pongo en letras grandes Alice Faye en
> (con letras árabes) «En el viejo Chicago» y después hago un dibu-
> jo de la cara grande de Alice Faye calcada en el vidrio de la
> puerta... (TRH, 74).

Alice Faye es una actriz cuya imagen fílmica es la de
rubia «buena», presuntamente una combinación de Ginger
Rogers y de «an abysmally warmed-over Jean Harlow», como
dice, con mucho acierto, Marjorie Rosen [82]. *En el viejo Chicago* es un melodrama «histórico» en el que Faye y Tyrone
Power son los protagonistas. Tyrone Power es un miembro de
la familia O'Leary cuya indecisión provoca, según el argumento, el gran incendio de Chicago. Alice Faye es la rubia
con un pasado (la «good-bad girl» del cine de Hollywood)
que conquista el amor de Power y por ello se gana la oposición de la familia, dominada por una impresionante figura
matriarcal. Paradójicamente, muy en el estilo hollywoodense, el incendio le sirve para lograr a su hombre y ser aceptada por el resto del clan [83].

Como queda de manifiesto, la lógica de la acción sigue
la fórmula convencional de joven-encuentra-niña, joven-pierde-niña, joven-logra-niña. Faye repite un modelo que unos
años antes Jean Harlow había convertido en su marca dis-

---

[81] HASKELL, pp. 168-170.
[82] ROSEN, p. 158.
[83] H. KING, director, *In Old Chicago,* con Alice Faye, Tyrone
Power y Don Ameche, Fox, 1938.

tintiva. Se trata de la mujer —rubia, por supuesto—, que
pese a su equívoco y mundano exterior es, en el fondo, la
muchacha buena que sólo espera al hombre apropiado para
sacar a luz todas sus virtudes escondidas, especialmente
hogareñas. La fórmula armoniza la imagen tradicional y
respetable de la mujer con «the melodramatic reflection of
the American popular girl, whose atractiveness is directly
proportional to the number of men she goes out with» [84],
como respuesta al estereotipo de la vampiresa de los años
del cine mudo, cruel, desprovista de todo rasgo redentor y,
casi siempre, de origen europeo.

Si Harlow lleva el tipo a un alto nivel de sofisticación,
Faye sólo consigue dar una copia débil, azucarada y carente
de energía. En todo caso, es otra encarnación del estereotipo preferido por Toto. Buenas y bellas (y casi todas ru-
bias) eran, sin duda alguna, Norma Shearer, Ginger Rogers
y Shirley Temple. Alice Faye, a pesar de su pecaminoso exterior, cumple con los requisitos necesarios para ingresar en
las preferencias del niño [85].

Ausente en la evocación de Toto, pero implícita en la
mención de la película está la imagen actorial de Tyrone
Power. Aunque este actor inicia su carrera en películas de
acción, muy pronto —gracias a su apostura— es encasillado
en el rol de galán por excelencia de todas las bellas de
Hollywood. El aparente olvido de Toto no hace sino subrayar, como mostramos más adelante, la emergencia de una
figura varonil clave en la conformación de la experiencia
del protagonista.

A través de asociaciones mentales difusas, Alice Faye se
proyecta/refleja en el personaje de Alicita, una niña a
quien Toto parece admirar. Superponiendo la imagen rubia
y buena de la actriz a la rubia Alicita, Toto crea una imagen

---

[84] MARTHA WOLFENSTEIN y NATHAN LEITES, *Movies: A Psychological Study* (New York: Atheneum, 1977), p. 31.
[85] Realmente, nunca da la impresión de ser otra cosa. Tal vez
eso explique la transformación de su imagen, que pasa a ser la
«ingenua» en una serie de musicales en las que su presencia es tan
excitante como puede suponerse.

idealizada de la niña que no funciona en la realidad. A Alicita le gusta chismear, coquetear con los muchachos, pero no presta ninguna atención a Toto, traicionando el modelo con sus acciones que niegan las esperanzas de Toto. No obstante esta primera forma de desilusión, la insistencia del niño en usar el cine como exclusivo marco de referencias no disminuye. Al pensar en Lalo, un compañero de juegos, Toto lo describe de la siguiente forma:

> El Lalo es el más bueno de cara... cara blanca de artista, de la película en serie del que se escapa del reformatorio pero que en un momento de rabia le da un cuchillazo al policía... (TRH, 75).

La percepción del personaje real sigue respondiendo al código simplista del cine de Hollywood. Esto se hace mucho más obvio cuando Toto alude al tío de Alicita que como figura viene a contraponerse a la imagen del padre. El tío de Alicita tiene todos los atributos «glamorosos» de que Berto carece, «de la cara linda, que siempre está vestido con un traje bueno que papá no se pone... nunca se enoja me parece... y está en el Banco de la Nación con el piso de mármol... todo grande que se puede bailar (TRH, 80). Además, es un padre cariñoso, «que el nenito recién nacido cuando aprenda a hablar le va a dar un beso y le va a decir 'te quiero mucho papá'» (TRH, 80).

En este retrato, que sugiere el modelo fílmico de Fred Astaire, Toto extrapola sus deseos y frustraciones, creando una imagen ideal del tío de Alicita a través de un mecanismo de superposición en el que el personaje se transparenta en el referente fílmico. Es lo que se confirma en la reescritura subjetiva de *El gran Ziegfeld,* la superlujosa biografía de Florenz Ziegfeld, donde el tratamiento melodramático de la vida personal del empresario se mezcla con delirantes números musicales [86].

La reescritura marca un nuevo nivel en el proceso de

---

[86] Robert Z. Leonard, director, *The Great Ziegfeld,* con Luise Rainer, William Powell y Myrna Loy, MGM, 1939.

transformación de la realidad, un nivel en el cual los límites entre lo real y lo imaginario son mucho menos definidos. La escena evocada por Toto pertenece a la primera parte del film; es el momento en que muere la primera esposa de Ziegfeld, interpretada por Luise Rainer. En la evocación de Toto, Rainer, preferida por el niño porque «hace siempre de buena» (TRH, 81),

... se está por morir y lo llama por teléfono al ex-esposo Ziegfeld que la dejó por otra y ella le dice que está sana para que Ziegfeld no se ponga triste y apenas es la mitad de la película, pero ella no sale más porque se muere en seguida... (TRH, 81).

Insatisfecho con el desarrollo de la acción, Toto inventa una nueva versión de la película utilizando materiales de su propia experiencia y, como inscripción de su deseo, la figura familiar del tío de Alicita:

... el tío de Alicita si fuera artista haría que se casara con Luisa Rainer en «El gran Ziegfeld» en vez que ella se muera... (TRH, 81).

En la reescritura, la película queda más o menos así: Luise Rainer, luego de haber hablado por teléfono con su ex-marido Ziegfeld (como sucede, en efecto, en el texto fílmico original), contesta a un llamado a la puerta. Al abrir se encuentra con el tío de Alicita quien, por una feliz casualidad, se ha equivocado de cuarto. Por supuesto, el tío se enamora de Rainer y la cuida con solicitud, ayudado por un mandaderito del hotel. Luise Rainer se recupera y empieza a alimentar la ilusión de casarse con el héroe, deseo que el mandaderito comparte porque tiene la esperanza de que lo lleven a vivir con ellos. Pero no puede ser porque el tío/héroe es casado y debe volver a su esposa...

El argumento inventado por el niño hace del tío de Alicita el perfecto ejemplar de héroe/galán/padre, a quien Toto agrega rasgos icónico-actanciales tomados, en forma directa, de Robert Taylor, «y lo dibujé [al tío de Alicita] y me salió igual, que hice los dos ojos bien iguales grandes abiertos con pestañas y una nariz chica y la boca chica con los bigotes finitos y el pelo con el pico en la frente y sin raya como Robert Taylor...» (TRH, 80-81), otro galán al estilo de Tyrone Power. El parecido no se reduce al aspecto físico porque la romántica imagen del enamorado que no flaquea en su lucha por impedir la muerte de la amada tiene todas las trazas del Armand que Robert Taylor hiciera en la versión de *La dama de las camelias,* junto a Greta Garbo [87].

El papel de ayudante/cómplice [88], que Toto ha escogido para sí —como antes sus interpretaciones de pajarito junto a Ginger Rogers y pececito junto a Shirley Temple—, ahora personificado, ilustra, con más intensidad, la carencia básica en el mundo del niño. Así se puede leer cuando Toto dice:

Y el tío la besa en la boca [a Luise Rainer] y *yo* desde la cocina del hotel le tiro una moneda al del organito... (TRH, 82. El subrayado es nuestro).

El cambio de perspectiva, desde la tercera a la primera persona, que no se había producido antes, no puede ser más inequívoco. En el «lapsus» gramatical Toto traiciona su deseo de incorporarse al espacio de la ilusión: Yo, Toto real, soy/quiero ser el mandaderito, Toto imaginario.

Toto desdoblado en el mandaderito grafica, sin ninguna duda, la conciencia del rechazo y el sentimiento de orfandad porque, en la película imaginada, el mandaderito tiene un padrastro que le pega, que es nervioso, que se despierta y le grita (TRH, 86), un personaje evidentemente trazado como doble fílmico/imaginario de la persona real de Berto, en oposición absoluta a la gentileza que Toto atribuye al tío de Alicita. A través de un juego de transparencias entre ficción y realidad, el niño puede representar y dar salida a sus conflictos afectivos.

---

[87] GEORGE CUKOR, director, *Camille,* con Greta Garbo, Robert Taylor y Lionel Barrymore, MGM, 1936.

[88] Fuerza lunar, ayudante de la fuerza positiva (Leo) y, de ese modo, participante en ella. Véase la clasificación de las fuerzas actanciales en ÉTIENNE SOURIAU, *Les deux cents mille situations dramatiques* (París: Flammarion, 1970), pp. 104 y ss.

El cambio es importante porque demuestra otro grado en el proceso de ficcionalización (o «filmización», como diría Morello-Frosch) de la experiencia cotidiana. En las fantasías anteriores, el niño se integraba al universo fílmico asumiendo un rol de actor/personaje como una entidad distinta (animalitos, mascotas), lo que creaba una especie de distancia entre su ser real y la encarnación imaginaria. Ahora, el lapsus gramatical nos revela que tal distancia ha desaparecido.

El proceso es aún más notorio en el tío de Alicita quien, como personaje imaginario en la visión de Toto, tiene una función de actor/actante unívoca [89]. Si como fuerza actancial representa al héroe, como actor es él mismo, el tío de Alicita que actúa su propio rol. La figura descansa en una falacia, sin embargo, ya que el personaje actúa el rol «natural» que la visión subjetiva del niño le adjudica; no hay modo de saber si esta percepción corresponde a la personalidad objetiva del tío de Alicita. Probablemente no, pero el fenómeno prueba, en todo caso, la irrupción evidente de la realidad en lo imaginario (y al revés), la persistencia de Toto por borrar las distancias que separan el mundo deseado del mundo impuesto.

Cuando el deseo de llegar al padre o, en términos lacanianos, el deseo del deseo de la madre [90], parece más imposible de realizarse, surge en Toto una esperanza, a pro-

---

[89] Aunque esto es también relativo, dado que la personalidad «real» del personaje está definida en términos de actante/actor fílmico. En este caso, la persona, el actante y el actor son una sola figura, sin que exista la distinción señalada por Greimas entre estas categorías. Dice éste que «... la réinterpretation linguistique des 'dramatis personae'... a cherché à établir, en premier lieu, une distinction entre les 'actants' relevant à une syntaxe narrative et les 'acteurs' reconnaissables dans les discours particulières où ils se trouvent manifestés». Ver A. GREIMAS, «Les actants, les acteurs et les figures», en *Sémiotique narrative et textuelle*, ed. por Claude Chabrol (Paris: Larousse, 1973), p. 161.

[90] JACQUES LACAN, «La signification du phallus», en *Écrits*, II (París: Seuil, 1971), p. 112.

pósito de la película *Sangre y arena,* basada libremente en
la novela homónima de Vicente Blasco Ibáñez [91].

La primera parte de la película trata de la infancia de
Juan Gallardo, un muchacho pobre que después de la muerte del padre —un torero— abandona su hogar para buscar
fortuna y adiestrarse en el oficio. Años más tarde, convertido en un torero famoso (y en Tyrone Power), Juan regresa
para casarse con su novia de infancia (Linda Darnell), a
quien lleva a vivir en una lujosa mansión junto a su madre
y su hermana. Todo parece perfecto hasta aquí y de un
modo muy general podemos justificar el placer de Toto que
ve satisfechos sus deseos a través de la película en la figura del padre muerto (ausente) y en la del muchacho bueno
que lo reemplaza y organiza ese mundo dominado por figuras femeninas.

Pero empiezan a surgir conflictos. La fama de Juan con-
cita la envidia de uno de sus amigos, integrante de la cua-
drilla (Anthony Quinn). Por otro lado, Juan se ha atraído la
enemistad de un conocido crítico taurino quien, con toda
mala intención, le presenta a la voluptuosa viuda Doña Sol
de Muire, una Rita Hayworth vestida en todos los tonos del
rojo pasional. Como es de esperar (o desesperar), la mujer
seduce a Juan y lo arrastra, inexorablemente, a la infideli-
dad, la ruina y la muerte.

Enamorado de Doña Sol y abandonado por su esposa,
Juan empieza a decaer como torero, al mismo tiempo que
su ex-amigo Manolo de Palma, asciende en el gusto del
público. Tratando de redimirse, Juan promete a su madre
que toreará por última vez, para demostrar que todavía es
el mejor. Reconciliado con su esposa, Juan hace una espec-
tacular actuación en el ruedo. Cuando está recibiendo la
ovación del público, el toro lo ataca de sorpresa y lo hiere
en forma mortal. Juan muere en los brazos de su esposa en

---

[91] ROUBEN MAMOULIAN, director, *Blood and Sand,* con Rita Hayworth, Tyrone Power, Linda Darnell y Anthony Quinn, Fox, 1941.

tanto Manolo recibe los aplausos de la multitud que acoge, con indiferencia, a un nuevo héroe... [92].

John Kobal dice que, en *Sangre y arena,* el personaje de Doña Sol «... gave Rita Hayworth the role that clinched her rise to the top. It was her first film in colour and Mamoulian's psychological use of colour to heighten mood and characters benefitted her enormously... Dona Sol did what she liked and went after and got what she wanted —and in this guise Rita Hayworth was to be triumphant» [93].

Triunfante y mala. Es la lectura que hace Toto:

> Rita Hayworth en «Sangre y arena» canta en castellano y a papá le gustó... a papá no le va a gustar, ay qué miedo, no le va a gustar y ¡sí! muchísimo que salió contento de haber ido y 'ahora voy a venir siempre con ustedes al cine'... (TRH, 87).

Por fin, parece que Berto ha accedido a participar en el mundo de la fantasía. La película, gracias a la presencia de Rita Hayworth, le ha gustado mucho, lo que hace muy feliz a Toto. Sin embargo, hay un elemento disonante: Rita Hayworth «pone cara de mala, es una artista linda, pero que hace traiciones...» (TRH, 81), rasgos que no encajan en el esquema de valores de Toto, acostumbrado como está a igualar Bondad y Belleza, de acuerdo a los códigos tradicionales del cine de la época.

Peor aún, Hayworth destruye una regla, inviolable hasta entonces, de las películas preferidas por Toto, la regla que pone en práctica la ley de recompensa para los buenos y castigo para los malos. Que el personaje de Hayworth, con toda la maldad que representa, no reciba su merecido castigo, repercute en forma muy seria tanto en la percepción del mundo (fílmico y real) de Toto como en el equilibrio de sus valores en formación.

El impacto que el personaje provoca en el niño no es de

---

[92] Cf. DENNIS BELAFONTE y ALVIN H. MARRILL, *The Films of Tyrone Power* (Seacaucus, N. J.: The Citadel Press, 1979), pp. 115-116.

[93] JOHN KOBAL, *Gotta Sing, Gotta Dance: A Pictorial History of Film Musicals* (London-New York: Hamlyn, 1970), pp. 275-276.

extrañar dado que la actriz, que comenzara su carrera como «niña buena», gradualmente y sin poderlo evitar porque —como dice Rosen— «she radiated sex» [94], asume una imagen fílmica disruptiva de la codificación actancial en vigencia hasta allí. En un nuevo molde, Hayworth viene a reencarnar el viejo tipo de la vampiresa, la mujer fatal y perversa cuya abierta sexualidad causa la perdición de los hombres. Es el modelo que, como culminación de su imagen fílmica, Hayworth protagoniza en *Gilda,* de 1946 [95].

Esta versión de la «bad-girl» rescatada del cine mudo, es la que rompe los esquemas de Toto, su convicción de que la belleza física es signo inequívoco de bondad. Rita Hayworth, al destruir la perfecta adecuación entre la apariencia y la esencia, significa la agresión, la negación, el engaño a lo esperado. Berto, al entusiasmarse con la actriz/actante, repitiendo la experiencia pasional de Tyrone Power y Anthony Quinn, transgrede el orden moral supuesto y asumido por Toto. Se identifica así con el principio de negación, maligno y perturbador, que la actriz representa.

Para empeorar la situación, el padre —olvidado el momentáneo entusiasmo por la película— no vuelve a ir al cine, confirmado las sospechas de Toto que ve en esto una negación del deseo, la traición a lo esperado. El niño muestra su resentimiento cuando se niega a hacer un cartel de la cinta porque «Rita Hayworth traiciona al muchacho bueno» (TRH, 89). Al negarle a la traicionera un lugar en su existencia, Toto está negando, simbólicamente, su relación con el padre.

Ahora es el momento oportuno para notar la frecuencia con que aparece Tyrone Power en las películas mencionadas por Toto. Fersen en *María Antonieta,* O'Leary en *En el viejo Chicago* y ahora Juan Gallardo en *Sangre y arena,* el actor es otra variante del arquetipo de galán que representan

---

[94] ROSEN, p. 210.
[95] CHARLES VIDOR, director, *Gilda,* con Rita Hayworth y Glenn Ford, Columbia, 1946.
Gilda/Rita Hayworth, con su carga de sexualidad y dominio, aparece como uno de los referentes fílmicos de Gladys, esa encarnación madura de Toto, en BAA.

Fred Astaire y Robert Taylor, mencionados con anteriori-
dad. El interés de estos actores no radica tanto en la cruda
sexualidad que generan —como sería el caso de un galán
«macho» como Clark Gable, por ejemplo—, sino que su
atractivo proviene más bien de una belleza masculina sua-
vizada, de una inteligencia, un refinamiento y una cierta
asexualidad que los convierte en un tipo varonil que no amenaza la feminidad de la mujer, un tipo andrógino en cierto
sentido.

Esta clase de ícono viril abunda en las «películas de
mujeres», lo que en el lenguaje de Hollywood se traduce como
películas con una fuerte connotación romántica y tratadas
con «sensibilidad». De este modo, las preferencias histrióni-
cas de Toto pueden verse como índice de la orientación de
los gustos del muchacho, determinados por una sensibilidad
«femenina» que se hará más y más notoria [96]. En la ambigüedad sexual proyectada por la imagen del héroe/actor
Tyrone Power —por algo, uno de sus roles más famosos es el
dual personaje del Zorro— Toto inscribe su propia ambigüedad [97].

Raúl García, un muchacho al que Toto admira, se ofrece
como nueva posibilidad de encontrar en la realidad el tipo
masculino capaz de ajustarse a las expectativas sugeridas
por el texto fílmico. La posibilidad se frustra, desde luego,

---

[96] Utilizamos el término sin afán peyorativo ni sexista. Más bien,
el término se nos impone desde una cultura dominada y nominada
por los blancos y negros del sistema patriarcal, que no deja alternativa. En todo caso, nos referimos al tipo de sensibilidad que
Toto comparte con Gladys y Molina, divididos como están entre
el interés romántico-espiritual («la imagen ideal», según Molina) y
la urgencia sexual («la imagen carnal»). Ana (PA), como señalando
la culminación de un proceso, catalizado por la experiencia de
muerte, parece llegar a un acuerdo entre los términos.

[97] El ejemplo preciso lo constituye *The Mark of Zorro* (Rouben
Mamoulian, director, con Tyrone Power y Linda Darnell, MGM,
1940). En esta película, Power emplea dramáticamente el elemento
equívoco de su imagen fílmica al actuar, al mismo tiempo, los
roles de Don Diego, el afeminado caballero californiano que en se-
creto es el viril y valiente Zorro, el Robin Hood de la California
española.

porque Raúl muy pronto deja ver que es sólo un barato Don Juan de barrio. Pero Toto, insistiendo en el ideal, lo describe en los siguientes términos:

[Raúl] pone la cara de estar dormido con los ojos cerrados y que sueña que baila no sé dónde que le gustará tanto, en la corte de María Antonieta con Norma Shearer de la peluca más alta que hay... (TRH, 90).

La referencia viene de la superproducción *María Antonieta,* la película que en un transporte efusivo la revista *Photoplay* describiera como «the story of the tragic doll of the Trianon» [98]. Apropiadamente, el personaje de la «trágica muñeca» está interpretado por Norma Shearer. Ahora cobran sentido las alusiones de Toto en el primer monólogo: las figuras versallescas y la gavota son elementos del mundo fílmico que habitan Shearer y Tyrone Power, dos figuras familiares para Toto.

Shearer, emocional y gran dama como siempre, no tiene ninguna dificultad en interpretar a la desgraciada reina, envuelta en un apasionado y trunco romance con el Conde Fersen/Tyrone Power primero, para después sucumbir a su trágica suerte. La película, ignorado los contenidos históricos de la Revolución Francesa, centra todo el interés de la intriga en el plano romántico, en el que, como dato curioso, aparece el motivo de la traición como estructurador de las acciones. María Antonieta traiciona a Luis XVI —con causa justificada, al parecer porque en forma muy velada se sugiere que el rey es impotente—, es traicionada en su amor por Fersen y, como remate final, por el Destino, encarnado en la furia popular de la Revolución.

Es fácil entender que el niño se haya impresionado con

---

[98] W. S. VAN DYKE, director, *Marie Antoinette,* con Norma Shearer, Tyrone Power, John Barrymore, MGM, 1938. Precisamente, la escena del final, que muestra el gusto recurrente de los personajes (y) de Puig, sirve de correlato al capítulo VII de BAA en la traducción inglesa, reemplazando a una escena de *The Women* (también con Norma Shearer), de la edición española.

este rol de Shearer quien, sin decepcionar las expectativas de
Toto, emerge digna y conmovedora al final, más grande que
su desgracia, en un «tour de force» de los clichés hollywoodenses que nuestro personaje absorbe fascinado [99]. Al proyectar
en Raúl García los rasgos románticos de Tyrone Power/Conde
Fersen, Toto no sólo está aludiendo a los rasgos físicos y
gestuales del personaje, sino que también, de un modo inconsciente, al germen traicionero que hay en él.

La orientación de la simpatía de Toto nos dice que al com-
padecer a sus heroínas está reflejándose en ellas, de algún
modo. El tipo de sensibilidad «femenina» que opera en la selección de sus héroes se reitera en la alusión a Power, quien
de nuevo encarna un principio masculino no agresivo, aunque en un grado menor que en *Sangre y arena,* porque allí,
en el esquema actancial de las películas de vampiresas, el
«muchacho bueno» pasa a ser el principio femenino débil, en
curioso travestismo frente a la dominante agresividad de la
mujer fatal [100].

La identificación de Toto con el rol femenino se manifiesta en un ensueño que, como dice Armando Maldonado,
tiene todas las resonancias de las películas hechas por Jeannette Mac Donald y Nelson Eddy, la pareja que hace cantando lo que Ginger Rogers y Fred Astaire hacen bailando [101]:

... que lindo irnos a vivir a una cabaña [con Raúl García] porque
con la fuerza que tiene puede matar a los osos y si yo me quedo
en el trineo desmayado en la nieve viene y me salva... y después
todas las noches le cuento una obra distinta y después empiezo a

---

[99] Jean-Loup Bourget alude al modo en que opera la distorsión ideológica en esta película en su artículo «Social Implications
in the Hollywood Genre», en *Journal of Modern Studies,* 2 (1973),
p. 198.

[100] Esta tipificación de los principios masculino y femenino impregna y determina la visión de Gladys y explica la conflictividad
sexual de Leo Druscovich en BAA. También explica el tipo de relación que se establece —por elección y/o imposición— entre Molina y Valentín en BMA. Ana, en PA, que resuelve la oposición de
los términos, parte de los mismos principios, determinados por la
sociedad patriarcal desde la que surge.

[101] MALDONADO, p. 44.

contarle cintas y jugamos a cuál es la cinta más linda y hacemos una lista, y después cuál es la artista más linda... (TRH, 91).

Es obvio que Toto está fantaseando su vida alrededor del tema de la doncella en apuros y que la cabaña es simbólicamente su expresión de rechazo al mundo real [102]. En la pantalla imaginaria, Raúl pasa a ser el héroe en sus múltiples formas, porque luego aparece como el galán de la maestra de primer grado, «linda de las que son pobres al principio y un pistolero las mandonea y un muchacho de la banda se enamora, y es Raúl García» (TRH, 92).

Llevado por su interés en el muchacho, Toto elabora una fantasía cuya trama, salida del modelo básico de los films de gángsters —la situación de la maestra, por ejemplo, recuerda el personaje de Bette Davis en *Marked Woman*—, se resuelve en una suma o collage de elementos fílmicos más a tono con los gustos de Toto, provenientes de la aventura romántica. Así, el viaje en barco tiene algo de *En los mares de China,* el camarote compartido recuerda el episodio similar de *Reina Cristina,* la llegada a las islas puede corresponder a cualquiera de las películas ambientadas en exóticas islas del Pacífico, especialidad de Dorothy Lamour (*Aloha de los mares del Sur,* por ejemplo), pero también en el repertorio de Dolores del Río *(Ave del paraíso)* y Hedy Lamarr *(La dama de los trópicos)* [103].

---

[102] Gladys y Molina lo hacen alrededor del tema de la mujer asediada y arrastrada por grandes pasiones. La fantasía de Toto se hace un «sueño realizado» en Molina, con un signo irónico y, por eso mismo, más doloroso. La cárcel funciona como una cabaña de carácter invertido, un espacio que no ha sido elegido sino impuesto, expresión del rechazo del mundo (y no al revés). La actividad (contar películas) es la misma, aunque ahora es de mayor urgencia ya que se trata de recrear la ilusión como forma de sobrevivir a la presión social, puesta en una práctica demasiado real.

[103] LLOYD BACON, director, *Marked Woman,* con Bette Davis y Humphrey Bogart, Warner Bros., 1937.

TAY GARNETTE, director, *China Seas,* con Jean Harlow y Clark Gable, MGM, 1935.

ROUBEN MAMOULIAN, director, *Queen Christina,* con Greta Garbo y John Gilbert, MGM, 1934.

La ignorancia sexual de Toto, pretendida o no, se manifiesta en el nacimiento de un niño, cuya concepción se explica como producto de las oraciones de Raúl y la maestra; Toto contrasta la gentileza de Raúl con la agresividad sexual del pistolero que lo único que perseguía «era hacerle lastimaduras con el pito, que era malísimo» (TRH, 92), a la heroína maestra. La fabulación imaginaria, al transformar la sexualidad, niega el cuerpo para convertirlo en una pura entidad espiritual que no amenaza la relación afectiva.

La exaltación idílica del héroe hace más dolorosa su caída en la realidad. Toto sorprende a Raúl en pleno escarceo sexual con una muchacha. De inmediato, el héroe/galán se transforma en un «atorrante» porque, piensa Toto, «yo creí que era tan bueno», «Raúl García cara de malo» (TRH, 100) y ahora agrega su traición a la de Rita Hayworth y a la del padre. Frente a este negativo panorama, el niño acude imaginariamente al tío de Alicita, se refugia en sus brazos y se hace uno, se funde con él. La fantasía le sirve de nuevo para escaparse del cuerpo (de los cuerpos) e incorporarse a un cuerpo fantasmático en la transparencia de la ilusión:

> ... y en brazos me tiene contra el pecho... y mejor todavía sería que nos quedáramos pegados... y por ahí sin que se dé cuenta me paso para adentro del tío de Alicita... yo voy a estar al lado de él, envuelto en el alma de él... (TRH, 102).

Como Armando Maldonado, pensamos que en esta fusión se expresa de manera muy evidente el deseo de Toto de llenar la carencia suscitada por el rechazo del padre [104]. Pero también hay que considerar la connotación erótica de la unión que, para Alfred Mac Adam, constituye una clara metáfora de la relación sexual [105], y que es otro índice de la

---

ALFRED SANTELL, director, *Aloha of the South Seas,* con Dorothy Lamour, Paramount, 1941.

KING VIDOR, director, *Bird of Paradise,* con Dolores del Río y Joel Mc Crea, RKO, 1932.

JACK CONWAY, director, *Lady of the Tropics,* con Hedy Lamarr y Robert Taylor, MGM, 1939.

[104] MALDONADO, p. 45.

[105] MAC ADAM, «Chronicles», p. 57. La unión como superación de

identificación con el principio «femenino» del protagonista. El acto transgresor disfrazado a través del vocabulario romántico del cine establece un juego de interrelaciones que, en un nivel mucho más complejo, aparece en la reescritura de la película *El gran vals,* la composición de Toto que más tarde analizaremos.

En el shock del descubrimiento simultáneo de la traición y la sexualidad, se confunden en el niño el deseo y el rechazo, la tentación y la represión [106]. El efecto disruptivo de la confrontación —la relación ideal mostrada en el cine rota por la brutalidad de la experiencia real— tiene como única salida el olvido momentáneo del cuerpo. «No habrá mejor refugio», dice Ricardo Piglia, «que esconderse en el otro, ser visto como si uno fuera el otro. Esa búsqueda es una pérdida de sí mismo, un modo de extraviarse en la contemplación fascinada de un cuerpo ajeno, ausente» [107]. Y se trata de la imagen de una imagen, una copia de tercera mano —es el tío de Alicita visto a través de imágenes cinematográficas—, máscaras de la evasión. La búsqueda del padre encuentra como sustituto sólo la imagen de una apariencia o, al revés, la apariencia de una imagen.

---

la separatidad aparece, en forma directa, como culminación del acto sexual entre Molina y Valentín en BMA. Véase el análisis de ECHEVARREN, «*El beso* y las metáforas», p. 72.

[106] Como sucede en Gladys al enfrentarse por primera vez con el cuerpo real del modelo desnudo, que rompe sus esquemas artísticos (ideales). El terror y la excitación que se apoderan de ella son de la misma naturaleza que la reacción de Toto. Ver BAA, capítulo III, pp. 38-39.

[107] RICARDO PIGLIA, «Clase media: Cuerpo y destino», en Noé Jitrik y otros, *Nueva novela latinoamericana, 2* (Buenos Aires: Paidós, 1977), p. 352.

II

EL ESPEJO: VERSE EN EL ESPACIO IMAGINARIO

> *C'est le film qui s'est elancé toujours plus haut, vers un ciel de rêve, vers l'infini des étoiles —des stars— baigné de musique, peuplé d'adorables et de démoniaques présences, échappant au terre à terre dont il devait être, selon toutes apparences, le serviteur et le miroir.*
>
> EDGAR MORIN

> *Je n'écris pas. Je suis écrit.*
>
> ANDRÉ GIDE

De aquí en adelante, Toto desaparece del primer plano de la novela. Cuando reaparezca de nuevo será en un plano autoral, como José Luis Casals, para escribir una composición acerca de una película. Su ausencia es relativa, sin embargo, ya que oblicuamente estará presente todo el tiempo a través de los monólogos interiores, los diarios y los anónimos de personajes que, en mayor o menor medida, entran en el mundo de las experiencias del niño.

Con excepción del monólogo de Mita, todos los otros textos tienen una función informativa con respecto a la trama central, que se nos mediatiza por medio de estos hablantes testimoniales, también revelados en su propia mediocridad. Narrativamente, pues, estos actos de habla cumplen la función referencial o informativa, aun cuando, al transmitir los contenidos emotivos de los hablantes, estén signados por una función expresiva [1]. Son «visiones», en el sentido que le asigna Todorov, ya que posibilitan la reconstrucción parcial de la vida del (los) personaje(s) central(es), aunque el evento informado esté filtrado por la actitud del que «ve» y comenta la acción y los personajes envueltos en ella [2].

Los personajes centrales y sus actos aparecen así observados desde distintos puntos de vista y, como dice Todorov, «les rapports entre les récits répétitifs varient de l'identité à la contradiction, et même l'identité matérielle n'amène pas nécessairement l'identité de sens». Para éste, las visiones contradictorias acerca de un mismo hecho señalan la

---

[1] Seguimos la clasificación de Jakobson, citada por Aguiar e Silva, p. 15.

[2] TODOROV, «Lecture», p. 419.

entidad psíquica de la visión, que no existe por sí misma, sino siempre en relación a un interlocutor [3].

El conjunto de las visiones opera con un efecto semejante a las tomas en distintos ángulos de cámara y a la llamada «cámara subjetiva» en el cine. Como superficies textuales de transición hacia el relato central —como el capítulo primero—, las voces cumplen un papel similar al recurso empleado en el cine para efectuar el cambio entre sonido e imagen cuando una carta —o cualquier texto escrito, para el caso— asume una función diegética. Usualmente, en el cine, a la imagen del texto escrito se superpone la voz del personaje que escribe; luego sigue un esfumado («dissolve») hacia el personaje que, en close-up, habla lo que dice el texto escrito. Otras veces, y éste es el efecto que opera en la novela, a la superposición de la voz del autor del texto sigue un dissolve que da paso a la actualización de los hechos descritos o referidos en el texto, hechos que vienen a instalarse en el presente de la narración [4].

Las visiones, el operar como cámaras subjetivas, evocan el universo que directamente se nos ha escamoteado. De ese modo se posibilita la construcción del desarrollo de la historia. Es lo que podemos hacer a partir del texto/visión que aparece en seguida: el monólogo de Teté, una pariente de los Casals.

Teté nos dice que el niño sigue practicando su conflictivo modo de vida, apartado de las normas sociales de la comunidad. Se niega a jugar baby-fútbol, a aprender a nadar, a andar en bicicleta, empeñándose, en cambio, en jugar con muñecas, recortar fotos de artistas y hablar de películas

---

[3] Todorov, p. 419. El ejemplo utilizado por Todorov es, precisamente, de la película *The Conversation* de Francis Ford Coppola. El rol clave de las visiones para la reconstrucción de los acontecimientos es de absoluta eficacia en BAA, en el que las «versiones» de la realidad, contradictorias y plurivalentes, están al servicio de la ambigüedad y el suspenso característicos de la novela policial y, en el cine, en el llamado «film noir». El asesinato que nunca es tal es una ausencia que se construye como «presencia» solamente en la psiquis de los personajes.

[4] Hermann, p. 151.

durante la hora de la siesta (TRH, 105-113). Parece seguir ignorando los asuntos sexuales, insistiendo en la existencia de la cigüeña (TRH, 107). En un diálogo con el padre de Teté, a propósito de *Sangre y arena*, Toto se ha enojado porque el tío no se decide entre la «buena» (Linda Darnell) y la «mala» (Rita Hayworth). Su iconografía fílmica no ha cambiado puesto que sigue fiel a la buena Norma Shearer (TRH, 117).

Su relación con Berto, previsiblemente, está lejos de ser armoniosa. El padre, furioso con los juegos de Toto y con su negativa a practicar deportes, lo castiga a no ir al cine y lo amenaza con mandarlo lejos de Mita, como interno a un colegio de monjas (TRH, 120). Toto se enferma y durante su convalescencia insiste en que le cuenten, una y otra vez, una película en la que aparece una nueva actriz:

> Y lo único que quería en la cama era que le contaran la película «Intermezzo»... y el quería ver a la artista nueva que trabajaba en la cinta... y después pedía que se la contara mami de nuevo, la parte que él tenía recortada del beso en el concierto, con la artista del traje largo sin mangas... (TRH, 121).

Se trata de Ingrid Bergman quien, con *Intermezzo*, inicia su carrera de heroína romántica a la manera de Hollywood [5]. La fascinación del muchacho por la actriz obedece, en apariencia, a esta tipificación que sitúa a Bergman en la serie de mujeres bellas y buenas que sirven como referentes a Toto. Pero hay un leve cambio, ya que en esta historia de amor la imagen buena del personaje no coincide con el rol de esposa/madre. En la película, Bergman interpreta a la amante de un famoso violinista, encarnado por Leslie Howard, otro de los galanes «sensitivos», según los patrones hollywoodenses y que también ha aparecido en unas cuantas películas aludidas por Toto. De todas formas, al final, luego del «intermezzo» erótico, el músico regresa a la esposa legítima.

---

[5] GREGORY RATOFF, director, *Intermezzo*, con Ingrid Bergman, Leslie Howard, United Artists, 1939.

Pese a este final conservador, el énfasis está puesto en la relación romántica, aunque ilegal, de la pareja; el cambio de modulación del rol de la heroína provoca, imperceptiblemente, un cambio en la percepción de las relaciones humanas en Toto. De un modo inconsciente se establece la posibilidad de explorar nuevos modos de llegar al otro, de crear una nueva forma de ilusión. Es un «intermezzo» en la búsqueda actancial y afectiva del personaje.

En las actitudes de Toto se reafirma la voluntad de rechazar el mundo real constituido por la ley, las normas y los valores del padre, y aferrarse a la apariencia del mundo fílmico, única forma de negarse a representar el personaje que la sociedad quiere imponerle. La apertura de sus simpatías fílmicas, desde la heroína como madre/esposa a la de heroína como amante, desde Shearer a Bergman, puede leerse como una reacción subterránea hacia la actitud de la madre, ya que, en el monólogo que sigue, Delia —una amiga de Mita— nos da una visión de ésta muy distinta de la que conocíamos o creíamos conocer.

Vista por Delia, Mita emerge como un personaje frustrado y desilusionado a todo nivel. Esto puede leerse en el subtexto cuando Mita, refiriéndose al futuro esposo de Delia, dice que es «tan bueno y nada nervioso... la belleza no tiene importancia para nada, la principal es el buen carácter» (TRH, 130). Desde lo que calla, Mita está criticando a Berto, cuyos rasgos son los opuestos, atractivo pero nervioso. Aflora así una especie de sentimiento de derrota y de resentimiento por el fracaso de la relación matrimonial, junto con una visión más realista del hombre, cuya imagen prosaica parece haberse impuesto sobre la imagen ideal del galán como satisfacción a la medida del deseo.

Más importante todavía: Mita se refiere a Toto en términos poco afectuosos, sin tratar de disimular su preferencia por Héctor, un pariente al que los Casals han criado desde niño. Héctor representa la antítesis de Toto; todo lo que éste tiene de sensitivo y soñador —léase «afeminado», de acuerdo a las normas de la sociedad de Coronel Vallejos—

se hace agresiva masculinidad en Héctor, de cuya virilidad nadie tiene la menor duda. De algún modo, en el rechazo de Mita, que es el rechazo al rol de «madre abnegada», se confirma el origen erótico de su dedicación anterior. Al fallarle Toto como sustituto del esposo, Mita no oculta la hostilidad hacia el hijo que la traiciona en sus expectativas y la transferencia de sus simpatías hacia otra figura filial que sí responde a sus necesidades eróticas disfrazadas [6].

La traición es mutua, porque la madre, al negarse a seguir siendo cómplice/ayudante del hijo, está traicionando las expectativas de éste. Indirectamente, esto justifica el cambio en las preferencias heroicas —deberíamos decir «heroínicas»— de Toto; los cambios afectivos coinciden con la incorporación del tipo de heroína/amante como sustituto o alternativa al rol de heroína/madre/esposa, alternativa que el niño ve como posibilidad y, más tarde, acepta. Que no se trata de especulación gratuita lo prueba la reescritura de *El gran vals,* en la que todas estas corrientes subterráneas se verbalizan de un modo muy evidente.

En todo caso, esta es la verdad según Delia, una visión subjetiva y, por lo tanto, ambigua, como puede deducirse cuando es la propia Mita quien pasa a ocupar el plano testimonial.

Es el invierno de 1943. Mita acaba de perder un bebé recién nacido y en su monólogo aparecen confundidos la tristeza de la pérdida, los sentimientos contradictorios que la embargan y la persistencia de la ilusión, aunque la experiencia le diga que éste no tiene cabida en la realidad (TRH, 147, 149).

El refugio en la fantasía se explícita en una cadena de asociaciones: lirios, tristeza de cementerios, calas, llanto (TRH, 146), todos elementos relacionados con la muerte del bebé y que, como vocabulario de una sensibilidad romántica, sin duda procede de las lecturas de Mita, entre las cua-

---

[6] Esto es, en el fondo, el significado último de las películas de mujeres que tratan del «amor de madre». Véase Haskell, pp. 168-171.

les *María* de Jorge Isaacs ocupa un lugar predilecto. Pero también pueden relacionarse con un repertorio romántico configurado por el cine, porque en la mención a las calas se evoca la reacción de Greta Garbo en *Grand Hotel* que, sin saberlo, asocia las flores con la idea de muerte, intuyendo en forma premonitoria la muerte del amado. La misma relación establece Katharine Hepburn en una dramática escena de *Stage Door* [7].

Esto se liga en el recuerdo con un olor de juventud, el olor del perfume de azahar de su época de estudiante, que contrasta con su vida actual; el deseo de escapar de la realidad se expresa en sus ganas «de cerrar los ojos y abrirlos y estar recorriendo un bosque en una carroza, los bosques de Viena» (TRH, 147). Mita se transporta a la secuencia más fantástica de *El gran vals,* el momento climático del film, cuando se alcanza la armonía absoluta entre amor y naturaleza, antes del final desgraciado [8]. Como apoteosis del deseo de perfección ideal, no extraña que sea ésta la película que Toto escoge como tema de su composición.

La exuberancia de los bosques contrasta con la naturaleza desmedrada de Coronel Vallejos, que apenas tiene «un poco de pasto verde» (TRH, 148). El espacio «natural» del cine funciona, en este caso, como metáfora de una ausencia ya que, como dice Maldonado, «the barren landscape... represents the lack of excitement in Mita's life» [9], desolador contraste frente a la plenitud imaginaria. Esto mismo prue-

---

[7] GREGORY LA CAVA, director, *Stage Door,* con Katherine Hepburn, Ginger Rogers, Adolphe Menjou, RKO, 1937.
La escena de *Grand Hotel* es transcrita en el Capítulo XV de BAA para reflejar la ironía de la que la realidad imaginaria se cumple en la situación límite; la escena corresponde a la situación de Gladys que espera a Leo sin saber que éste ha muerto (como en el film).

[8] La escena equivale a una forma de apoteosis. El compositor, recorriendo los bosques de Viena con su amada, tiene la súbita inspiración para escribir el vals homónimo. En una especie de einfühlung romántico, delirante y artificial (como sólo Hollywood podía hacer), se nos hace creer que todo, cochero, caballos, cornos y pájaros contribuyen a la creación de la melodía.

[9] MALDONADO, p. 58.

ba que el eje básico de oposiciones sigue muy presente en la
vida de la mujer.

La idea se refuerza cuando Mita, en otra asociación, evoca el film *La puerta de oro,* en la que un aventurero se fin-
ge enamorado de una maestra «para salir de la pobreza de
México y entrar a California a darse la gran vida, entrar
por 'la puerta de oro'» (TRH, 149). El personaje de la
maestra está interpretado por Olivia de Havilland, otro estereotipo de las damas dignas y buenas del cine hollywoodense [10]. En la película opera el motivo de la traición originado
en el conflicto entre ser y parecer, de manera que podemos
suponer que el interés de Mita se basa en un fenómeno de
proyección/identificación en el que ella asume el rol de la
maestra y asigna a Berto el papel del aventurero. La homología parece menos casual cuando recordamos que Berto ha
sido prácticamente mantenido por Mita cada vez que sus
negocios han andado mal. La asociación parece nacer de
una interrogante subterránea de Mita, la duda no expresada
acerca de las verdaderas razones que han llevado a Berto
a casarse con ella, el no saber si éste lo ha hecho por amor
o atraído por el aliciente económico que la esposa puede pro-
porcionarle. El sintagma fílmico sirve de cobertura al sintagma real.

La confusión de sus sentimientos se ve cuando piensa que
el hijo muerto habría dado el pelotazo más fuerte y no se
habría caído de la bicicleta, como pasa con Toto (TRH, 149).
En la ilusión de que el bebé hubiera sido como un Toto con
la virilidad de Héctor, Mita acusa el afecto de la traición de
su hijo, que le ha fallado al no aproximarse al tipo ideal,
masculino y sensible a la vez, de los galanes de Hollywood.

El estado anímico depresivo se ilustra con la mención
de películas de final desgraciado, en las que alguna fuerza
se opone a la felicidad de la mujer protagonista, como sucede con Bette Davis/Carlota en *Juárez,* película en la que la

---

[10] MITCHELL LEISEN, director, *Hold Back the Dawn,* con Olivia de
Havilland y Charles Boyer, Paramount, 1941.

actriz termina loca después del fusilamiento de Maximiliano, «abriendo las ventanas para que entre el alma del marido» (TRH, 150) [11]. Las otras películas, *Alma en la sombra* [12] y *El gran Ziegfeld* —la escena del teléfono, ya contada por Toto—, tienen el tema de la traición del marido como factor común, prueba de que los elementos de muerte, traición y separación que configuran los textos fílmicos funcionan como proyección de un sentimiento motivado por la ausencia —o el fracaso, la peor forma de ausencia— del hombre ideal en la vida real.

Toto sigue insistiendo en poner en práctica modelos de conducta tomados del cine. Al morir el bebé, el muchacho alude a una escena de *Hasta que la muerte nos separe* [13], en la que a Bárbara Stanwyck «se le muere el bebito recién nacido» (TRH, 154). En la explosiva reacción de Héctor, «basta de teatro... vos maricón, mientras llorás te creés que estás en una película...» (TRH, 154), se verbaliza la opinión que todos más o menos comparten: afeminado porque llora, raro porque actúa sobre la base del imaginario fílmico, poco varonil porque se niega a asumir el comportamiento que le corresponde de acuerdo a las normas.

Sin embargo, en Mita hay una especie de defensa, porque en lo «femenino» del hijo encuentra una cualidad que falta en los otros hombres de la familia: «Pero el Toto llora porque tiene la sensibilidad de un grande» (TRH, 158). Para Armando Maldonado, el tratamiento negativo de los problemas que la mujer hace «have a great deal to do with the

---

[11] William Dieterle, director, *Juarez*, con Bette Davis, Paul Muni, Claude Rains, Warner Bros., 1939.

[12] W. S. van Dyke, director, *Rage in Heaven*, con Ingrid Bergman, George Sanders, Robert Montgomery, MGM, 1941.

Se trata, curiosamente, de un triángulo pasional en que el marido (Montgomery) planea asesinar a su esposa (Bergman) y a un amigo (Sanders), quienes están enamorados. Simbólicamente, Berto podría ser el asesino del galán ideal con que sueña Mita y, por lo tanto, asesino de una parte de la vida de ésta.

[13] William Wellman, director, *The Great Man's Lady*, con Bárbara Stanwyck, Victor Young, Joel MacCrea, Paramount, 1942.

growing cynicism Mita exhibits in her monologue» [14]. No compartimos esta idea puesto que la desilusión, grande como es, no es absoluta; al recrear los trágicos desenlaces de las historias/películas de Maximiliano y Carlota, Marco Antonio y Cleopatra, hay en Mita un deseo de cambiar estos finales por otros más felices.

El deseo es cierta forma de esperanza o, para decirlo en términos lacanianos, todavía hay en Mita una intención imaginaria que reacciona contra lo simbólico, un intento de perpetuar el mito personal [15]. Aferrarse a la ilusión, a pesar del fragmento final, que parece contradecir lo anterior, indicando algo así como una resignación, como un lento aceptar que no todo es como debería ser:

... porque el Toto sabe que hay cosas tristes, tanto volar con la imaginación o ilusionarnos e ilusionarnos yo y el Toto y de más alto que las estrellas nos caemos, que a veces las cosas salen mal... (TRH, 164).

Ni siquiera *El gran Ziegfeld,* la trágica historia salvada por la ilusión de los números de baile, puede ser recreada de nuevo. Es el sometimiento a la mediocridad que parece translucirse en la última frase: «¿Por qué será que se pierde la mano para el dibujo?» (TRH, 166). La pregunta es retórica porque en el fondo Mita sabe cuál es la respuesta, aunque no se atreva a verbalizarla (nombrar es aceptar la existencia): porque se va perdiendo la capacidad de ilusión, porque la experiencia nos dice que el mundo no se ordena según nuestros sueños, sino de acuerdo a las normas del sistema dominante. Hasta los mismos sueños.

---

[14] MALDONADO, p. 60.
[15] «Le symbolique est le réseau de symboles qui enveloppent l'homme dès sa naissance. Nul ne peut échapper aux divers registres symboliques —religion, système et rélations de parenté, etc.— qui le gouvernent. L'imaginaire, par contre, est la manière personnelle de réagir au symbolique. À l'intersection de l'imaginaire et du symbolique se produit le fantasme... le mythe personnel...» Véase ROBERT GEORGIN, *La structure et le style* (Lausanne: L'Age d'Homme, 1975), p. 23.

En el monólogo de Héctor (Verano de 1944) se lee el punto de vista del macho cuya «normalidad» se manifiesta incluso en sus preferencias cinematográficas, diametralmente opuestas a las de Toto. A Héctor le gusta Ann Sheridan «porque tiene un buen par de mamarias» (TRH, 172), índice de que ve a la mujer como simple objeto de placer físico, la parte pasiva ante la agresión fálica. Héctor, que representa la norma socio-sexual del varón, prefiere la acción a la ensoñación. En este personaje plano, el único rasgo de fantasía existente subraya, de una manera irónica, la postura de una vida mediocre disfrazada de normalidad: sus sueños de gloria se cifran en llegar a ser un gran astro del fútbol (TRH, 180), ese otro producto de la mitología popular hispanoamericana, varonil y aceptada, por cierto [16].

Como personaje, Héctor no tiene más importancia que la de servir de contrapunto fijo a la evolución de Toto, como «antítesis, la mirada negadora... que lo arrastra a la realidad, lo arrincona en los límites de su cuerpo» [17], al mismo tiempo que sirve de ejemplo para mostrar la relatividad de lo normal o aceptado, la engañosa apariencia de los roles.

Paquita (Invierno, 1945), la amiga a quien Toto había sorprendido con Raúl García, es la siguiente voz que nos informa de la progresión de la historia. Toto ya tiene doce años y parece estar cumpliendo el rol de mediador entre Héctor y sus posibles conquistas. Este papel hace decir a Rodríguez Monegal que, en apariencia, «Toto is more Héctor's complement than his opposite...» [18]. La relación es algo más compleja, ya que Héctor, como prototipo de un absoluto principio masculino, hace más evidente la ambigüedad sexual de Toto; si hay un complemento, éste es de un principio distinto, «femenino».

---

[16] El «sueño del pibe» —como se llamó una película argentina de tema deportivo— de Héctor apunta en una dirección: como norma de la sociedad machista, la inconsciente marcación sexual se desprende del hecho de que, en el contexto hispanoamericano, se hable de «astro» de fútbol y no de «estrella» como en el cine.

[17] PIGLIA, p. 353.

[18] RODRÍGUEZ MONEGA, p. 59.

Es lo que delata el relato travestido que Toto hace a Paquita acerca de un fallido asalto sexual del que ha sido víctima. El niño, alterando los papeles, dice que la persona atacada ha sido una chica (TRH, 202) y cuenta el incidente en tercera persona. La razón de este disfraz puede explicarse en dos direcciones. Una, la más obvia, sería que a Toto le avergüenza reconocer su parte protagónica en el bochornoso incidente, que degrada su imagen varonil. La segunda posibilidad, no tan improbable como parece, sería que en el travestismo Toto puede desempeñar imaginariamente el rol de la doncella en apuros, el papel de la heroína apenas salvada a tiempo. Si recordamos las fantasías de este tipo que aparecen en el segundo monólogo, podemos comprender que a través de este esquema actancial le es más fácil aceptar y superar la naturaleza agresiva de la realidad [19].

La gestualidad teatral (por exagerada) de las actrices se hace «ejercicio de imitación» en Toto. En la pelea con Héctor, Toto responde «maricón será tu abuela, y lo peor es ser un intruso, INTRUSO!! fuera de esta casa, fuera!!!». Y Paquita comenta: «y con el dedo como los artistas cuando echan a alguien, que un poco de imitación de una película estaba haciendo el Toto de paso...» (TRH, 205).

El incidente prueba que la ficcionalización ya no se reduce a las fantasías, sino que la realidad es transformada por el muchacho, quien reacciona frente a ella asumiendo los gestos y la retórica artificial sacados del cine de la época. La impuesta «sofisticación» lo eleva, por así decirlo, desde su rol natural a la categoría de «star» o a una copia de ella [20].

---

[19] El mismo tipo de transversión ejecuta Leo en BAA cuando cuenta, alterando los roles sexuales, el asalto de que hizo víctima a un homosexual en el Capítulo IX y que María Esther Vila cuenta a la policía como agresión heterosexual de Leo a su ex-esposa.

[20] En este sentido, Toto repite la metamorfosis de las actrices que le sirven de modelo, desde sus comienzos naturales hasta la transformación y fijación en una serie de gestos artificiales y «sofisticados» que la identifican como «estrella». Ver MICHEL MARIE, «Muet», en *Lectures*, Nota 3, pp. 168-169.

El próximo monólogo pertenece a Cobito Umansky, un compañero de colegio de Toto. Su visión está teñida por el resentimiento y la envidia de que Toto sea el mejor estudiante, un «hijo de su mamá» y un alcahuete. Como forma de venganza, intenta violar a Toto, pero no tiene éxito. En Cobito también funciona una imaginación alimentada por el cine, pero en su caso —como indicio de su carácter—, los referentes provienen del género gangsteril. Su monólogo comienza con una típica recreación del género:

> Hay que darles la muerte a estos hijos de puta, ni uno se va a escapar cuando lleguen a la ratonera, el garage maldito infestado de malhechores... (TRH, 211).

Cobito/Joel el Implacable, aludiendo a la famosa matanza de San Valentín en Chicago, tiene ciertamente ideas de venganza. Sus motivos, en directo paralelo con la estructura del género, sólo se aclaran con posterioridad. Como en el film de gángsters, film de máscaras, la fantasía se inscribe en un violento mundo de hombres y funciona sobre una ausencia, una presencia suprimida que debe solucionarse y/o vengarse [21]. Cuando se descubre que el objeto del odio es Toto, el resentimiento de Cobito se llena de ambigüedad ya que el vehículo de su venganza (la agresión sexual) encubre la misma dimensión del deseo que quiere «castigar». Como Héctor, Cobito es otro ejemplo de la relatividad de las conductas «normales» [22].

Toto escribe a diario a Mita. Por una de sus cartas, que le ha sido arrebatada por Cobito, nos enteramos de que ha visto

---

[21] Cf. Marc Vernet, «Policier», en *Lectures*, p. 183.
Es esta pertinencia de lo ausente o suprimido lo que marca el tono de BAA, proveniente más del film noir que de la novela policial.

[22] Podría decirse que en Cobito está la traza germinal del conflicto de Leo Druscovich, el personaje de la «novela policial» que es BAA. Como Cobito, Leo se debate entre las dimensiones conflictivas del deseo y la culpa.

el film *Cuéntame tu vida* (*Spellbound,* título original) [23], el que parece haberle impresionado mucho:

... Hoy Lunes la película que tengo para contarte es muy difícil, en vez de una hoja extra te tendría que escribir tres o cuatro, porque el acusado inocente está trastornado y no sabe si es culpable o inocente... en «Cuéntame tu vida» y no entendí bien. Si él se escapa porque se cree culpable o si de miedo que lo agarren y lo condenen ya corre en seguida, porque si lo agarran seguro que lo condenan, si no fuera por la chica que después de esconderlo aclaró todo, porque resulta que todos lo ven como el asesino y lo persiguen y él tiene algo, una nube en la memoria que no le deja recordar el momento del crimen, pero como cree que es culpable cada vez que alguno empieza a perseguirlo él ya empezó a correr antes porque sabe que es el asesino o cree que parece el asesino... (TRH, 220).

Nos hemos extendido en la cita porque esta lectura de Toto es crucial ya que verbaliza los elementos de la culpa y la traición que, como claves, explican el rumbo de su destino eventual. El muchacho ha captado con precisión los motivos centrales de la confusión de identidad y de la persecución. La película es considerada por algunos como la primera acerca de temas psicoanalíticos, aunque para el propio Hitchcock no fuera más que «just another manhunt story wrapped-up in pseudo-psychoanalysis» [24], que enfoca un mundo cerrado, con una compleja estructura de figuras paternas, identificaciones y culpas.

En *Spellbound,* Gregory Peck hace de un enfermo mental con suficiente aire de sanidad como para hacerse pasar por psiquiatra en un asilo mental y para persuadir a su sana colega, Ingrid Bergman, a huir con él cuando todas las apariencias indican que es culpable de un asesinato. En tanto que huyen, ella analiza sus sueños, en los que la distorsión de un episodio infantil parece ocultar su pasado criminal. El director del asilo, Dr. Murchinson (Leo G. Carroll), está por retirarse. Su reemplazante es un Dr. Edwards, por quien

---

[23] ALFRED HITCHCOCK, director, *Spellbound,* con Gregory Peck, Ingrid Bergman, Michael Chekov, United Artists, 1945.

[24] Citado por RAYMOND DURGNAT en *The Strange Case of Alfred Hitchcock* (Cambridge: MIT Press, 1974), p. 193.

John Ballantine (Gregory Peck) se hace pasar y a quien éste (Peck) cree haber matado. Constance (Bergman) lleva al héroe al analista que la había tratado a ella (Michael Chekov) quien establece que Ballantine sufre de un complejo de culpa por haber sido testigo accidental de la muerte de su hermano. El complejo ha vuelto a aparecer cuando Ballantine presencia la muerte del hombre por el que se hace pasar y cuyo verdadero asesino resulta ser Murchinson, el director del asilo.

Parece ser que el interés de Toto proviene del aspecto romántico del film, es decir, el acercamiento «sensible» que el propio Hitchcock quiso darle, un acercamiento en el lenguaje de la satisfacción romántica [25]. Pero el interés del muchacho va más allá de esta superficie.

El héroe, en la conquista de la verdad, es ayudado por la heroína. El restablecimiento del orden del mundo implica no sólo la restauración de la propia identidad, sino también el logro de la felicidad afectiva. Pero hay contenidos mucho más complejos, como indica Raymond Durgnat cuando, al referirse a las implicaciones psicoanalíticas, señala que Murchinson viene a ser la figura del padre furioso al ser suplantado. Al contrario, el analista de Constance es la figura benévola, dispuesta a ceder el dominio y la figura materna al hijo. «Both the age groups and the social positions (psychoanalysts as father-figures) conform to this pattern» [26].

Otro de los aspectos significativos del film es la idea de la identidad relativa, la presentación de un asesino loco posando de inocente o víctima que, en la diégesis fílmica, se enfatiza a través del motivo de la paranoia recurrente, como en el caso del doctor interpretado por Chekov, cuya conduc-

---

[25] Raymond Durgnat señala que, dados los elementos fantásticos desarrollados en el tema, Hitchcock prefirió un acercamiento en el que se conjugaran el romance y el misterio, resultando una película al estilo de *Rebecca* que Hitchcock había realizado en 1940, con Joan Fontaine y Laurence Olivier en los roles centrales (United Artists). Cf. DURGNAT, p. 193.

[26] DURGNAT, p. 194. Véase también ROBIN WOOD.

ta nunca se define muy bien. El «twist» de Hitchcock reside en mostrar que la paranoia es un hecho a nivel inconsciente y cuyas reglas nunca son claras. Es lo que se prueba en el film a través de personajes que representan distintos aspectos del orden: los policías y los psicólogos. Los primeros aparecen como severas figuras de castigo y los últimos como benévolos y comprensivos; al final resulta que los policías son menos amenazantes y agresivos que el aparentemente amistoso intelectual.

La película ha impresionado a Toto porque allí encuentra trazada la expresión de sus propios conflictos. La persecución de que Gregory Peck es objeto tiene como motivo algo que el personaje no sabe si ha cometido, no sabe si es culpable o inocente; el paralelo se halla en la sensación de rechazo y persecución (social y familiar) que experimenta el niño, con el consiguiente sentimiento de culpa por no ser (o no saber) lo que debe ser, la ambivalencia conflictiva de su propia identidad.

La figura del padre resentido funciona como doble fílmico de Berto, lo mismo que el activo rol de la mujer en el restablecimiento de la identidad del héroe puede verse como proyección de Mita, lo que no es de extrañar dado que en la iconografía fílmica de Hitchcock, Bergman viene a ser la heroína como esposa/madre. El buen padre representado por Chekov es el equivalente fílmico de ese padre ideal que Toto ha encontrado, imaginariamente, en el tío de Alicita. Ese es el nivel superficial de la lectura de Toto. Oculta allí hay otra dimensión que revela la verdadera naturaleza de su identificación.

Si Berto aparece como el padre airado no es porque tema que Toto quiera asumir el rol viril (como en la película), sino al contrario: su ira se origina en la negativa de Toto a asumir el rol que le corresponde. El mismo Toto, al acusar el efecto de una identidad confusa —no saber si es perseguidor o perseguido, agresor o víctima, activo o pasivo— traiciona esta condición peculiar [27].

---

[27] Que es, por otra parte, la misma tensionalidad generada por

El conflicto real de la vida de Toto es el problema de la identificación con la madre, su fijación infantil. No se trata, entonces, de un reconocerse en el héroe (Peck), sino en la heroína (Bergman), identificación que encubiertamente ya ha tenido lugar en la fantasía de hacerse uno con el tío de Alicita. Así lo advierte Mac Adam cuando dice que el resultado práctico de la fusión es que Toto puede besar a Alicita, pero que el resultado espiritual es que Toto asimila la figura idealizada de su propio padre para tener a la madre para sí. Pero en términos sexuales, sigue diciendo Mac Adam, la relación del niño con la madre revela el verdadero drama erótico: la unión de Toto con el tío de Alicita porque «it is he... who is the object of Toto's fantasies, it is he who receives kisses here and it is he who saves Toto...» [28].

Armando Maldonado rebate esta interpretación de Mac Adam diciendo que no hay suficiente evidencia que indique una oculta homosexualidad en Toto, observando, no obstante, que el problema del muchacho es que «he has his mother all to himself» y que «spiritually, what he lacks and wants is a father, not a mother» [29]. Son estas fuerzas conflictivas las que se explicitan y polarizan en la lectura de *Spellbound*. Efectivamente, no hay ninguna tensión con la figura materna (Mita/Ingrid Bergman) porque Toto se reconoce en ella; lo que busca es ayudar, conquistar, poseer al padre.

Otto Fenichel, al explicar los mecanismos de la orientación homosexual, señala que ésta proviene de una temprana identificación del niño con la madre, que resulta de una figura paterna débil, agresiva o ausente; [30] Freud, por su parte, sostiene que la homosexualidad masculina es producto de una fijación muy fuerte con la madre. A raíz de esto, el

la imposición de los roles sexuales que hay en Leo y Gladys en BAA, Molina y Valentín en BMA y Ana en PA.

[28] ALFRED MAC ADAM, «Chronicles», p. 57.

[29] MALDONADO, p. 46.

[30] OTTO FENICHEL, *The Psychoanalytic Theory of Neurosis* (New York: W. W. Norton, 1945), p. 337.

hombre termina por identificarse como mujer, de modo que el objeto de su deseo se hace su propio sexo [31].

Cualesquiera sean los orígenes, es indudable que la conciencia de culpa y el conflicto de Toto no nacen del deseo de suplantar al padre, sino de una inconsciente voluntad de ocupar el espacio de la madre. El voluntario olvido del cuerpo, el rechazo de la sexualidad y la confusión de identidad de Toto no puede explicarse más que como la emergencia de deseos homosexuales prohibidos y que debe reprimir. *Spellbound,* con su carga de espejo psicoanalítico, se convierte en el perfecto significante imaginario en el que Toto puede leer su deseo como «pur effet de manque et poursuite sans fin, le noyau initial de l'inconscient», como dice Metz [32]. En el mundo engañoso y ambivalente de *Spellbound,* Toto encuentra el símil de su propia confusión.

Negarse al mundo real, al cuerpo. Refugiarse en la fantasía, querer reflejarse en el otro. La mirada en el espejo opaco del cine. Esta voluntaria forma de identidad es la que sigue caracterizando a Toto, a juzgar por los datos que nos entrega el diario de Esther. Es 1947, Toto sigue interno en el Colegio George Washington y el centro de sus actividades es un ritual dominguero que consiste en ir al cine y luego pasar a una cafetería de moda.

Esther menciona a uno de los nuevos amigos de Toto, Adhemar, «de bellos ojos renegridos y cabellos rubios como el

---

[31] Sigmund Freud, «On Narcissism: An Introduction», en *The Standard Edition of the Complete Psychological Works of Sigmund Freud,* trad. y ed. por James Strachey (London: The Hogarth Press, 1957), XIV, p. 88.

El propio Puig utiliza estos planteamientos teóricos como parte del correlato metalingüístico que informa la complejidad psíquica de Molina, el homosexual absoluto de BMA. De la misma manera, la lectura psicoanalítica que Roberto Echavarren hace de Leo en BAA muestra que en éste hacen crisis las polaridades de sus impulsos sexuales, escindidos entre el rol agresivo/viril que le impone la norma y la fijación materna que se revela en pasividad y en tendencias homosexuales suprimidas. Véase Echavarren, «La superficie», pp. 156-161.

[32] Christian Metz, «Le signifiant imaginaire», en *Communications,* 23, p. 3.

maizal» (TRH, 259), a quien Toto parece admirar en una forma exagerada. Es lo que indica Esther cuando, furiosa porque Toto insiste en ir con ella y Héctor al cine, le dice:

te creés gran cosa y sós un mocosito maricón todo el día metido entre las chicas y ¿a qué tanto hablar de Adhemar? ¿estás enamorado de él acaso? Andá sabiendo que nunca vas a ser como Adhemar, porque no sós más que un mariconcito charlatán... (TRH, 258).

Toto no trata de defenderse. En respuesta, intenta hacerse amigo de una compañera nueva, cuya vida debe parecerle glamorosa porque «ella es hija de extranjeros, de rusos nobles y la madre cantante de ópera» (TRH, 258). Como tema de conversación utiliza la película *Por quién doblan las campanas,* otra de las cintas que tiene a Ingrid Bergman como heroína buena [33].

El capítulo siguiente es la composición escrita por José Luis Casals (Toto) y cuyo tema es «La película que más me gustó». En este texto clave, Toto reaparece en la tercera persona y con su nombre adulto; desde la ausencia, emerge como autor de una narración distanciada que se ofrece, en apariencia, como objetiva, sin estar determinada por los contenidos de su conciencia, como en los monólogos anteriores. Pero el análisis del texto descubre muy pronto que la reescritura es, otra vez, la escritura de su propia identidad; lo narrado no designa literalmente el texto fílmico, sino que se organiza y se traza desde una lectura marcadamente subjetiva. Es una lectura que se sitúa en ese «locus» del espectador/lector en que tiene lugar la identificación, tanto en la acepción freudiana del término como en el sentido habilitante que permite determinar la significados fílmicos [34].

El texto fílmico es *El gran vals,* ya aludido por Mita, una superproducción que conjuga todos los elementos del imaginario fílmico que fascinan a Toto; un espléndido artefacto

[33] SAM WOOD, director, *For Whom The Bell Tolls,* con Ingrid Bergman y Gary Cooper, Paramount, 1943.
[34] FREUD, pp. 129, 132, 249-251 y NICK BROWN, «Rhétorique du texte spéculaire», en *Communications,* 23, p. 207.

de romance e ilusión en el que confluyen el melodrama, la
biografía, el romance histórico y la comedia musical [35]. Es
evidente, como apunta Maldonado, que a partir de este texto
Toto realiza una metamorfosis que lo lleva «from his conflic-
ting world to a position of glory and sexual satisfaction, the
two elements so lacking in his everyday environment» [36]. En
la operación, su identidad se afirma y se valida a través de
símbolos imaginarios que Toto equipara a su propia experiencia. Su lectura/reescritura de la película es, en el fondo,
un ejercicio que inscribe la búsqueda de su propia identidad [37].

El argumento es más o menos así: Johann Strauss/Fer-
nand Gravet, el famoso compositor vienés, se enamora de
una famosa cantante, Carla Donner/Militza Korjus, traicionando el amor de su fiel esposa Poldi/Luise Rainer y atra-
yéndose la enemistad del Duque Hagenbruhl/Hugh Herbert,
que era el cruel amante de Carla. Los amantes huyen de
Viena y recorren Europa. Cuando regresan, Poldi va a ver
a Carla y le ruega que deje libre a Johann. La cantante,
atormentada por la culpa, abandona a Johann, haciéndole
creer que ya no le ama y éste, desilusionado, vuelve a su esposa. Al final, cuando un Johann ya anciano recibe el homenaje de Viena, el recuerdo súbito de Carla revela que el
amor por ésta nunca ha muerto en el compositor. De este
típico desarrollo diegético de melodrama musical hollywoodense, Toto hace una lectura que fácilmente se reconoce
como psicológica [38].

---

[35] JULIEN DUVIVIER, director, *The Great Waltz,* con Luise Rainer,
Fernand Gravet y Militza Korjus, MGM, 1938.

[36] MALDONADO, p. 51.

[37] Francine Masiello señala la misma operación en Molina, el
protagonista de BMA, aunque en ese caso, nos parece, la lectura
es «arreglada» de un modo más consciente o voluntario que en
Toto, como elección. Véase FRANCINE R. MASIELLO, «Jail House Flicks:
Projections by Manuel Puig», en *Symposium,* 1 (Spring, 1978), p. 20.

[38] En la definición de James Monaco, un lector/espectador hace
una lectura psicológica cuando es capaz de asimilar los varios elementos de los significados percibidos e incorporarlos a su propia
experiencia. Cf. JAMES MONACO, *How to Read a Film* (New York:
Oxford University Press, 1977), p. 125.

En la relativa simplicidad de la historia se cruzan, como ya hemos dicho, situaciones y personajes reconocibles en las preferencias de Toto. Lo singular del argumento es que coexisten aquí dos tipos de romance a la manera de Hollywood que en las películas evocadas antes se trataban en forma separada. Nos parece que en esta nueva modulación de las relaciones amorosas —por el interés que despiertan en el muchacho— reside la clave significativa que da sentido a la elección de Toto, el film como el texto que mejor representa sus sueños.

El protagonista masculino (Strauss/Gravet) sirve de eje a dos triángulos amorosos [39]. En uno de ellos, al conquistar el amor de Carla, tiene como rival al Duque Hagenbruhl. Resuelto temporalmente este conflicto, la acción se organiza en torno a Carla, Johann y Poldi, su esposa. La fiel Poldi es interpretada por Luise Rainer, que «es siempre buena» según Toto y que reitera aquí su personaje de esposa traicionada (como cuando interpretara a Anna Held en *El gran Ziegfeld*), aunque ahora con algo más de suerte ya que el marido, al menos en apariencia, regresa a su lado.

La anagnórisis final, la revelación de que Johann sigue amando a Carla propone una dualidad que parece sancionar tanto la relación establecida en el matrimonio —glorificación de la esposa/madre, como en las películas de Norma Shearer y de la misma Rainer— como la relación extra-marital con la amante, el *affair* romántico del tipo de *Intermezzo* (con la que, de paso, *El gran vals* tiene más de un parecido), no la versión negativa de *Sangre y arena*. El estricto código moral de Hollywood parece tener una nueva orientación al presentar una imagen positiva de Carla, basada en la fuerza de su amor, elemento que le da la noble-

---

[39] Como dato al margen que, no tan casualmente, dice de la recurrencia física de ciertos actores, debemos agregar que Fernand Gravet, aparte de representar el tipo de galán andrógino, tiene un notable parecido físico con Tyrone Power. Tendencia a verse como/en otro que también organiza el juego de niveles de la realidad en Ana (PA), a partir de su parecido con Hedy Lamarr.

za necesaria para renunciar al hombre que ama y evitar la destrucción de un hogar. Pero ahí está la falacia. La aproximación simpática al personaje es falsa porque la «nobleza» que se le adjudica no es más que el recurso de los códigos para solucionar la historia sin alterar las normas sociales. El mismo desenlace, por irreal, satisface el deseo romántico sin hacer peligrar las convenciones del orden vigente.

Podríamos decir que el engaño cae en su propia trampa porque es precisamente esta mecánica de la ilusión la que hace posible que Toto, aun simpatizando con la figura materna de Luise Rainer, pueda acercarse, comprender y proyectarse en Carla/Militza Korjus, otro tipo de heroína que, como Bergman en *Intermezzo,* rompe (en forma positiva) la cerrada estructura que rige las nociones de «buena» y «mala» en las películas anteriores. En el código vigente convencional, Carla es reconocible como la «mala», la seductora que consigue que el hombre abandone el hogar y a la esposa legítima. La connotación tradicional nos dice que se trata de la clase de mujer que sirve al hombre para satisfacer impulsos sexuales que son vistos como degradantes en la mujer «buena», porque no se concibe que ésta pueda también proporcionar placer sexual, mucho menos disfrutarlo [40]. Durante el curso de la película, el personaje se transforma para revelar sentimientos más «espirituales», en un proceso paralelo al de Marguerite Gautier, la cortesana redimida por amor. La renuncia de Carla, ejemplar para el espectador, devuelve a Johann a la mujer legítima y a la sanción social.

La peculiaridad del tratamiento estriba en que de un

---

[40] Acerca de la moral victoriana que determina los mensajes del film tradicional de Hollywood, véase MARTHA WOLFENSTEIN y NATHAN LEITES, *Movies: A Psychological Study* (New York: Atheneum, 1977), pp. 26 y ss. También Michael Wood, quien explica la actitud como persistencia de una actitud masculina que Wood describe en la frase «Put the blame on Mame», derivado de una canción que Rita Hayworth interpreta en *Gilda* y que traduce la tendencia masculina a culpar a la mujer. Cf. MICHAEL WOOD, *America in the Movies* (New York: Dell, 1975), pp. 56-74.

modo abierto se rompe la norma moral cuando Johann demuestra que nunca ha olvidado a Carla. Aún cuando la satisfacción es ideal, en transparencia y por lo tanto no amenaza
el orden establecido, el recurso muestra que el cine de Hollywood, aunque no tan distante en espíritu de una moral victoriana, está buscando nuevas posibilidades de tratar la clásica (y masculina) distinción entre la mujer «Madona» (no-
via/esposa/madre) y la mujer «Puta» (seductora/vampire-
sa/amante).

El acercamiento a un tipo femenino capaz de dar satisfacción espiritual y sexual al mismo tiempo, aun siendo una
mera cubierta para una ideología patriarcal, provee los
elementos para una lectura de Toto que simpatiza tanto con
la figura materna como, y esto es muy importante, con la
figura que *sustituye* a la esposa/madre, con la imagen de
la amante que da salida a los impulsos sexuales no aprobados por la sociedad.

La aparente traición de Carla —engañar a Johann y huir—,
lo mismo que la traición de Greta Garbo en *Camille* —hacer
creer a Armand que todavía es «mala»— es, a los ojos de
Toto, una renuncia sublime. Su desaparición no hace sino
aumentar la nobleza de su carácter, creando de ese modo los
elementos de empatía, la comunión con el espectador. Su
significado, en la lectura del muchacho, es de tal complejidad que sólo podemos intentar aclararlo en un análisis
de la composición, como textualidad en la que se traza el inconsciente.

Antes hemos dicho, al referirnos a *Spellbound,* que el conflicto de identidad de Toto parece radicar en una paulatina
identificación con la figura materna. En el caso de *El gran
vals,* la crítica ha señalado que hay una abierta extrapola-
ción o desdoblamiento de Toto en la imagen de Johann. Así,
Armando Maldonado puede pensar que el recuento objetivo
del comienzo pone en marcha un proceso desde el que emerge una figura (Johann) cuya conciencia se parece a la conciencia paralela de Toto [41]. Es el cambio de una narración

---

[41] MALDONADO, p. 51.

objetiva a una de corte subjetivo o, en todo caso, a una narración que oscila entre la tercera persona omnisciente, el estilo indirecto y, a ratos, directa narración en primera persona.

En el film, por ejemplo, cuando Strauss es golpeado por Hagenbruhl, el compositor intenta defenderse, pero al final huye; en este episodio, observa Maldonado, se puede leer la representación de los ataques físicos de que el mismo Toto ha sido objeto y ante los cuales el muchacho ha tenido una actitud pasiva [42]. Al huir en compañía de Carla, a través de los bosques de Viena, el compositor, llevado por un sentimiento de fusión armónica con la naturaleza, crea la línea melódica que dará origen al nuevo vals que, por supuesto, se llamará «Vals de los bosques de Viena». Es la delirante escena que ya ha sido evocada por Mita, como recurso imaginario en el que encuentra salida su desesperanza.

La misma percepción tiene Toto, ya que todo la secuencia de la plenitud amorosa está vista como un sueño; en repetidas ocasiones el niño alude a esta huida como a una fuga de la realidad, y el inicio del goce amatorio de la pareja se da distintivamente enmarcado en términos de vigilia/mundo real/frustración como opuestos a ensueño/mundo irreal/plenitud. En la carroza que los lleva a través del bosque, Johann y Carla se quedan dormidos; al despertar, «por entre las telarañas de sus temores nocturnos vislumbran la claridad de un despertar diferente» (TRH, 269); más adelante, «ella se siente por fin despertar de una pesadilla» (TRH, 276).

La escritura de Toto apunta, por un lado, a la realización del deseo amoroso en el campo del ensueño, a la plenitud del sueño realizado; pero allí mismo subyace la otra cara, la conciencia de que el sueño, por ser tal, es momentáneo y que, ineludiblemente, hay que volver a la realidad. En forma velada, Toto traiciona su percepción consciente de que la ilusión es sólo un «intermezzo» en la prosaica circunstancia de lo real.

---

[42] MALDONADO, p. 52.

Al llegar a una hostería, Johann y Carla encuentran a una pareja de estudiantes, «ella diáfana y serena, él apuesto y de ojos renegridos y de cabellos rubios como un maizal» (TRH, 271), descripción que de modo directo sugiere la imagen real de Adhemar, el amigo de Toto. El estudiante, como Adhemar, es «de ánimo bueno, pero nadie por ello se va a aprovechar a molestarlo, pues no sólo tiene las espaldas anchas, sino también los brazos fuertes y diestros para la pelea...» (TRH, 271), comentario que en la admiración traduce la carencia del propio Johann/Toto.

En la secuencia siguiente, en la intimidad del cuarto de la posada, Toto transfiere a Johann su propia noción del acto sexual como violenta agresión del falo, al mismo tiempo que expresa a través del personaje los sentimientos contradictorios de rechazo y fascinación que el acto le produce (TRH, 272). Es el contenido semántico que surge a partir de la visión de la piel de Carla; la blancura de ésta provoca una cadena asociativa de símiles cromáticos que va desde la pureza misma al naranja, que significa «que creció la planta que es la adolescencia y se va a entrar en la juventud del fruto...» (TRH, 273). La plenitud sensorial está amenazada, sin embargo, porque, Johann/Toto reflexiona, «de ahí al rojo de la pasión hay un solo paso. El rojo está oculto en el blanco, también está en ella, en Carla que es tan blanca. ¿Será por eso que Hagenbruhl quiere verle la sangre para convencerse de que ella es tan baja como él?» (TRH, 273) [43].

---

[43] El mismo tipo de cromatismo simbólico, que en el fondo opera como distorsión impuesta por las normas culturales, es utilizado por Molina en su versión de *The Cat People*. Al describir a Irina, la protagonista, Molina utiliza una serie de tonalidades que van desde el blanco al rojo, al morado, al negro. A un nivel esto indica la básica tensión sexual de la novela y, en otro, a un rasgo de estilo del personaje/narrador ya que la película no es en colores. El mismo efecto puede verse en los subtítulos de *Boquitas pintadas* (Buenos Aires: Sudamericana, 1974): I. «Boquitas pintadas de rojo carmesí» (que coinciden con la plenitud de la ilusión) y II. «Boquitas azules, violáceas, negras» (decepción, tristeza, muerte). Indirectamente, el uso psicológico de los colores que hace Puig tiene cierto paralelo con un recurso que Hitchcock ha usado con frecuencia, si recordamos, por ejemplo, a la frustrada protagonista de

Intentando convencerse de que Carla no es «baja», es decir, negándole el cuerpo y la sexualidad, Johann decide tratarla como a la pureza absoluta y negar así la amenaza sexual. Para aclarar sus sentimientos contradictorios, el compositor sale del cuarto y va hacia un lago cercano:

Sopla un céfiro casi imperceptible, pero tibio que le enardece la piel, su imagen reflejada en la superficie en cambio le irrita: su tórax hundido, los brazos flacos, la espalda un tanto corva. Se detesta, pero ese céfiro lo envuelve más y más en oleadas cálidas y se arroja al pasto... (TRH, 274).

Para Ricardo Piglia, este pasaje encierra la clave de toda la novela. En el juego de espejos, «Yo (quiere decir Toto) soy el que me miro mirarme mi cuerpo», de tal manera que en la lectura del muchacho se delata la conciencia de su cuerpo detestado, la máscara narrativa como recurso que distancia tal descubrimiento [44].

En Johann, Toto proyecta la condena de tener un cuerpo no deseado, un sexo que es sexualidad y cuerpo para los otros. Johann/Toto, al descubrir que tiene una sexualidad, que desea a Carla, cree que ésta lo va a amar tal como es, pero al verse reflejado de nuevo, «se vuelve a detestar con más fuerza todavía, él quisiera ser ese estudiante que vio bajo la glorieta, bello y fuerte» (TRH, 274).

Según Maldonado, al atribuir Toto sus propias características a Johann, completa la unión de su conciencia con la del personaje fílmico y, de ese modo, puede sentirse triunfante en el encuentro con la mujer, al cumplir los requerimientos de la relación heterosexual normal [45]. Pero la explicación es

Marnie cuya conflictiva sexualidad se expresa en su horror por el color rojo y su preferencia por el amarillo.

[44] PIGLIA, p. 350.

[45] MALDONADO, p. 53.

En la diégesis fílmica, el mecanismo de identificación parece producirse cuando la cámara gira y gira alrededor de los protagonistas que bailan un vals y «dives on them from above and through the leafy trees, spins them faster and faster until the world is turned upside down for the spun-drunk lovers...», lo más cercano a la

algo más compleja, porque la unión sexual con Carla no se realiza; la que sí se realiza, encubiertamente, es la unión con la imagen de Adhemar/estudiante que es con la cual Toto busca, a fin de cuentas, fundirse, como antes con el tío de Alicita.

La ambigüedad de los roles sexuales se manifiesta en el encuentro de los amantes en el cuarto de la posada. La secuencia original del film se reduce a la entrada de la pareja en el cuarto, un abrazo frente a la chimenea y enseguida un discreto esfumado en negro —con un túrgido acompañamiento de violines—, que sugiere que la entrega amorosa se realiza [46]. La escena, según la describe Toto, sutilmente incorpora elementos reconocibles en otra película de la época que refuerza el significante que a Toto le interesa expresar. De algún modo, la intimidad del cuarto con los amantes reunidos frente al fuego de la chimenea evoca una escena similar en *Reina Cristina*, en la que Garbo interpreta uno de sus roles más ambibuos. En este melodrama histórico, la actriz encarna a la masculina reina de Suecia que —vestida de hombre— se enamora de un noble español (John Gilbert) cuando se ve obligada a compartir un cuarto de posada con él.

La personalidad andrógina de Garbo permea toda la cinta, sobre todo en esta clásica secuencia en la que el juego de equívocos adquiere una fuerte tonalidad erótica. La imagen dual de la actriz (femenina/masculina, tierna/violenta, fría/apasionada) libera toda una carga de sexualidad reprimida cuando, tendida frente a la chimenea con Gilbert, Garbo coge un racimo de uvas y comienza a morder sensualmente las frutas.

Aunque Carla y Johann no llegan a tanto —se limitan a

---

unión sexual que los códigos de Hollywood podían permitir. Cf. JOHN KOBAL, *Gotta Sing,* p. 164.

[46] La secuencia es similar en la versión hecha en 1972, también por MGM y con Horst Bucholz y Mary Costa en los roles centrales (Dir. Andrew Costa), y que parece seguir muy de cerca a la versión de 1938.

arrodillarse el uno frente al otro—, la descripción de Toto recrea una atmósfera parecida de sensualidad reprimida y ambigua. Carla «se siente despertar de una pesadilla, no tiene más a su alrededor a seres brutales y sedientos de escarnio» (TRH, 276), es decir, ya no la amenaza la imagen agresiva del varón. Entonces, «su mirada pasa del fuego a ese ser que tanto la quiere y que se lo ha dicho con la excusa de escribir letras para valses» (TRH, 276).

La utilización de la escritura como vehículo para dar salida a sentimientos y deseos escondidos refleja la operación paralela de Toto, cuya reescritura del film viene a realizar la misma función; el deseo realizado a través de la producción textual disfraza el deseo histérico de las motivaciones sexuales suprimidas [47].

Enseguida aparece otro elemento espejeante o ilusorio en la visión de Carla: ve a Johann como si éste fuera el bello muchacho de la glorieta (en realidad, como si fuera Adhemar). Toto incorpora en el relato el viejo tópico del «patito feo» que, junto con el de «Cenicienta», pasa de un modo natural al cine para satisfacer la necesidad de ilusión en el espectador. A través de la manipulación de estos tópicos, se conseguía que el hombre y la mujer ordinarios, olvidados los problemas de cada día, pudieran satisfacer vicariamente sus anhelos de felicidad.

Si una mecanógrafa interpretada por Joan Crawford se casaba con un millonario; si James Stewart echaba abajo el sistema político; si Bette Davis, fea y sin gracia, se transformaba en una espléndida y sofisticada belleza, lo mismo podía muy bien sucederles a los Juanes y Marías de la vida real. Al menos esto es lo que se les hacía creer. Marjorie Rosen, en su libro acerca del cine, la mujer y el sueño americano, hablando sobre su absoluta entrega a los valores

---

[47] Porque, como dice Robert Georgin a propósito de *Phèdre*, «... aucune lecture n'est innocente, comme aucune écriture non plus. Car Racine, de son côté, se sert du style pour mentir...». Cf. ROBERT GEORGIN, «Essai sur *Phèdre*», en *La structure et le style*, p. 87.

presentados en la pantalla, confiesa algo que puede traducir con exactitud la percepción de Toto. Dice Rosen: «Movies were such a formative part of my life that for years I never questioned the visions of reality they presented...» [48].

Y no se las cuestiona porque es el sueño hecho realidad; la fantasía del patito feo que se transforma en cisne es el determinante de la escena en que Carla no ve al compositor como éste es realmente, sino como lo ve «con los ojos del amor»:

Lo mira y qué bello se lo ve alumbrado por las llamas doradas, nunca lo había visto así, esas espaldas fuertes, y dos brazos robustos que estarán siempre listos para defenderla, qué alivio saber que ya no tiene más que temer y las llamas hacen lucir más negros que nunca los ojos y las pestañas de él mientras que sobre el cabello le arrojan reflejos dorados, ahora los cabellos de Johann parecen dorados como un maizal. (TRH, 276-277).

Como observa Toto, «está ocurriendo una especie de milagro de amor» (TRH, 277). La descripción no es casual puesto que en ella está implícito el tema de una película que en español se llamó precisamente *Su milagro de amor* [49], en la que al tópico del «patito feo» se añade un elemento sobrenatural en la relación amorosa. La película tuvo gran éxito, tal vez porque, como se dice en *The Great Romantic Films,* era «an allegory predicated to the deepest truths of the human heart» [50].

Dorothy Mc Guire es Laura, una sirvienta sin atractivos, secretamente enamorada de su patrón, quien está de novio con una bella mujer. Al volver de la guerra con el rostro desfigurado, el compromiso se rompe. Amargado, Oliver (Ro-

---

[48] ROSEN, p. 254.

[49] JOHN CROMWELL, director, *The Enchanted Cottage,* con Dorothy Mc Guire y Robert Young, RKO, 1945. Molina se autorelata esta película en BMA, lo que confirma su encanto romántico y la proyección del personaje en la heroína, la posibilidad de transfigurarse en la relación amorosa, ese ser «otra» que Molina desea y que preanuncia sus sensaciones cuando, más tarde, tiene relaciones sexuales con Valentín.

[50] LAWRENCE J. QUIRK, *The Great Romantic Films* (Seacaucus: Citadel Press, 1974), p. 115.

bert Young) se aísla del mundo hasta que descubre el amor
fiel e incondicional de Laura. Entonces se produce el «milagro de amor»: él la ve bellísima y sofisticada y ella lo ve
tan buen mozo como antes de ir a la guerra. La fantasía
transfiguradora sirve de vehículo a un mensaje que, en la
jerga romántica hollywoodense, se traduce como la indes-
tructibilidad de la preciosa ilusión creada por el amor. La
belleza que ven el uno en el otro es la belleza espiritual
del amor compartido. El mensaje se verbaliza, adecuada-
mente, a través de un personaje ciego, «para cuya sensibilidad, la pareja es aún más hermosa porque no se ven 'el
cuerpo sino el alma', lo que invierte el elemento de repulsión
física en uno de atracción espiritual» [51]. La desfiguración
real transfigurada por el deseo.

Tal es el milagro de amor que opera en la visión de Carla, al ver a Johann espiritualmente, como éste quiere verse.
De esa forma, al negar la realidad (la sexualidad), la fusión
amorosa de la pareja puede realizarse en un nivel «romántico», lo que parecería dar la razón a Maldonado, si acepta-
mos que una unión «espiritual» puede considerarse como
erótica y normal. No obstante, el proceso de transferencia es
aún más complicado porque la visión de Carla y sus sensaciones están determinadas por la ambigüedad sexual inconsciente de Toto [52].

La descripción física de Johann transformado que hace
Carla es idéntica a la que ha hecho Toto respecto de Adhemar y que conocemos a través del testimonio de Paquita. De
igual modo, la fuerza protectora que emana del cuerpo trans-
figurado de Johann es la fuerza que Toto ha buscado siempre, si recordamos sus fantasías con Raúl García y con el
tío de Alicita. Por último, más significativo todavía, en la

[51] JOSÉ MIGUEL OVIEDO, «La doble exposición de Manuel Puig»,
en *Eco*, 192 (Octubre, 1977), p. 617. Oviedo hace un excelente análisis de la película en relación a BMA. (Véase Nota 49).

[52] «Il faut ajouter encore que le sexe d'un personnage n'est pas
déterminant. L'inconscient se caractérise par la bisexualité. Par
exemple, le double peut appartenir au sexe opposé...» Cf. GEORGIN,
p. 25.

mirada de Johann (que es la mirada del estudiante, que es la mirada de Adhemar), «porque tiene ojos de bueno» (TRH, 277), Carla está reproduciendo la pulsión escópica de Toto, su eterno deseo de mirarse en el otro, verse como el otro, verse y ser en el Otro.

Cuando el muchacho escribe que «sus cuerpos son sólo uno» (TRH, 277), la unión cósmica que repite la fusión con el tío de Alicita, se hace explícito que la mirada de Carla *es* también la mirada de Toto; la fusión Carla/Johann es la representación alucinada de la fusión que Toto busca con Adhemar, no tanto ya como mujer, sino como substituto de la mujer, un tipo de relación homosexual [53]. Desde allí adquiere sentido la simpatía del niño con la imagen fílmica de Carla aunque (o precisamente porque) ésta es, por la naturaleza de la relación, la usurpadora del rol de madre/esposa, la figura que desplaza a la mujer aceptada por las normas.

La fascinación de Toto por la imagen transgresora de seducción se explica entonces por la carga connotativa de la amante como cuerpo gozoso que libera los impulsos sexuales contenidos. El deseo aparente de querer ser atractivo para atraer al otro sexo (ser Johann/Adhemar) no es sino una cobertura del deseo profundo de sustituir a la mujer verdadera (ser como Carla) para, de ese modo, acceder al goce imaginario de la fusión con su propio sexo, deseo reprimido en la realidad.

Héroe/heroína de su relato, Toto sabe que esta felicidad, por ilusoria, no puede durar. De modo paralelo en el film, Johann y Carla regresan a Viena y un poco más adelante Carla, persuadida por Poldi, abandona a Strauss y desaparece, se condena a la ausencia. El código moral restablece el orden social y «el milagro de amor [terminado], Johann vuelve a ser Johann» (TRH, 281). Es la conciencia del pro-

---

[53] Eros-mirada-fusión que opera en BMA cuando Molina, luego de la primera relación sexual con Valentín dice: «Me pareció que ya no estaba... que estabas vos solo... O que yo no era yo. Que ahora yo... era vos.» (BMA, 222.) Véase lo que dice ROBERTO ECHAVARREN, «*El beso* y las metáforas», pp. 72 y ss.

pio muchacho de la vuelta imperativa a la realidad, a la condena del cuerpo. Toto vuelve a ser Toto.

El muchacho ilustra sus decepciones en la escena en que, según la composición, Strauss regresa a la casa de la infancia donde se encuentra con las figuras pesadillescas de una madre desgreñada, un editor que lo estafa, el malvado Hagenbruhl y, al final, una Carla entregada a la lujuria (TRH, 282-283). El episodio puede leerse como representación de la íntima insatisfacción del muchacho, la casa de la infancia como metáfora de la situación real y de la caída en los límites. «Thus», dice Maldonado, «his escape to happiness and sexual fulfillment is crushed and he returns to his former state» [54].

El final de la película/composición es, como a Toto le gusta, agridulce. El viejo compositor recibe el homenaje de Viena y en ese momento de gloria —la aceptación definitiva en el mundo social—, la letra de uno de sus valses («Sueños de toda una vida/pueden ser hoy realidad») le hace cerrar los ojos e imaginar a Carla, cantando «en transparencia» (TRH, 284). La imagen se origina en la técnica cinematográfica de la «múltiple exposición» que, como observa James Monaco, con ser uno de los códigos más antinaturales del cine, puede conseguir los efectos más significativos. En el caso de la película, Toto describe el efecto de la doble exposición, dos imágenes que se superponen y en la cual dos niveles de realidad se expresan tanto en la inherente textura del tema (realidad versus ilusión y recuerdo en Johann) como en la textura fílmica de las imágenes (en la realidad concreta, opaca de Johann surge la realidad transparente del deseo) [55]. La realidad evocada, como imagen fantasmal, abre la circunstancia a otro nivel que redime la carencia.

Carla, imagen transparente, ilusión pura, es el deseo que no ha muerto, la expresión de una ausencia que nunca ha sido tal, la emergencia del deseo reprimido que muestra que

[54] MALDONADO, p. 53.
[55] MONACO, pp. 162-163.

la visión se acerca a lo real «como la realidad un día se acercó al sueño» (TRH, 284). El final, «triste pero feliz», comprueba que en Toto se da la mezcla de un espectador cuyas preferencias oscilan entre las ventajas consoladoras de la felicidad (predominio de la identificación) y los efectos purificadores del final desgraciado (predominio de la proyección), con la ausencia (muerte) de la heroína [56]. Ni felicidad ni muerte absolutas, la expectación de Toto se realiza en el beso simbólico entre la realidad de Johann y el recuerdo de Carla que viene a ser, a fin de cuentas, la imagen de sus propios mitos, un beso extático entre su deseo y la satisfacción fílmica. Por eso, al final, la imagen de Carla es tan cercana y tan real que Johann/Toto puede pensar que está siendo, que es parte de la realidad ilusoria. La aparente distancia escritural revela la subjetividad de su autor/personaje que, de manera travestida, accede al goce momentáneo de la ilusión.

Por un anónimo dirigido al Regente del Colegio George Washington, se deduce que el proceso de definición del personaje sigue siendo conflictivo, sin tener un rumbo todavía claro. Por una parte, Toto presume de haber seducido a unas compañeras de colegio, tratando de dar la apariencia de un adolescente «normal», y por otra, continúa profesando una no disimulada admiración por Adhemar, a quien quiere imitar en todo. La información que nos llega a través del «Cuaderno de pensamientos de Herminia» (1948) no altera la imagen en lo más mínimo. Vemos a un Toto solitario y chismoso, que alardea de mantener un idilio con la niña rusa y que ataca con violencia al padre, a quien identifica con el hombre bruto que« sólo come y duerme para llevar a cabo sus largas horas de trabajo, y trabaja para pagar lo que come y la casa donde duerme, cerrando así su círculo vicioso» (TRH, 304).

Dos fantasías arrojan nuevas luces sobre el estado de sus conflictos. Una es la versión que Toto hace de una obra de Chejov, en la que proyecta su resistencia a aceptar la

---

[56] EDGAR MORIN, *Les stars* (París: Seuil, 1972), p. 26.

experiencia vivida. Según Toto, se trata de «un muchacho
en Rusia que está enamorado de una chica en la capital»
(TRH, 298). Aquí y con razón, Herminia se pone sospecho-
sa. Este muchacho conoce a una sirvienta con la que trata
de hacer el amor, pero «algo extraño sucede: la está tocando y no la está tocando, porque apoya las yemas de sus
dedos contra la carne de la sirvienta y no siente el tacto, es
coom si sus dedos fueran de aire» (TRH, 298).

Otra vez, en el aparente distanciaminento de la historia,
Toto traza las fuerzas contradictorias de su dualidad: quiere
y no quiere, siente y no siente, afirma su sexo al mismo tiempo que lo niega para la relación heterosexual. En la pugna,
revela que el otro, como objeto del deseo, no es el otro sexo,
sino el cuerpo masculino, su propio cuerpo.

La segunda fantasía, que Toto asegura que es el argumento de una película francesa, se estructura en torno a los
motivos de la traición y la decepción. Es la historia de un
señor feudal que aparenta cuidar a sus hijos para, durante
la noche, someterlos a terribles pruebas que los debilitan y
los dejan incapaces de vencer en las batallas (TRH, 306-307).
El relato admite dos lecturas. Una de ellas, sugerida por
el mismo Toto, hace del señor feudal la imagen de Dios,
culpable de hacer posible la existencia del Mal y, por lo
mismo, causante de la expiación y el tormento de los hombres. Siendo Dios el orden del mundo, el Padre original, Toto
está expresando en realidad su impotencia y resentimiento
contra el orden patriarcal, contra la represión generada
por la figura simbólica del padre.

Otro nivel de lectura permite asimilar la imagen del señor feudal no con el modelo divino sino, a partir de él, con
la transfiguración del objeto del deseo, con la imagen masculina de Adhemar. La explosión de odio y resentimiento que
Toto sufre corresponde, y aquí seguimos a René Girard, a
una consecuencia inevitable del deseo copiado de otro deseo, manifestada como envidia, celos y odio impotente [57].

---

[57] RENÉ GIRARD, *Deceit, Desire and the Novel*, trad. por Yvonne
Freccero (Baltimore: Johns Hopkins, 1980), p. 41.

Como antes el padre real, Adhemar (figura paterna, en el fondo), al negarse al deseo de Toto, instiga este deseo al mismo tiempo que obstaculiza su realización. Como mediador cumple el rol de modelo y negación, lo que provoca los sentimientos encontrados de Toto, «feelings so violent that the hero can no longer control them» [58].

El señor feudal, cuerpo de Dios y del Padre dentro de un orden cerrado e inviolable, es Adhemar, y la insatisfacción inconsciente de Toto viene a ser la noche de la traición, la «noche oscura del alma» de su pasión no correspondida. Pero, como dice Girard «the desiring subject chooses to be indignant at the evil by which himself is consumed» [59], por lo cual el muchacho, inocente, atormentado y traicionado, acusa en sí mismo la culpa cuando devela la naturaleza sexual de su deseo.

Adhemar es el cuerpo que expone la búsqueda de Toto. Al ver una fotografía, Herminia pregunta quién es el muchacho rubio. Confundido, Toto responde «... me da vergüenza decirte, pero resulta que es el más buen mozo del colegio y una chica me dijo que yo me parecía a él y que al llegar al quinto año voy a ser como él» (TRH, 313). Verse como el otro, ser como el otro, ser con el otro. La fuga/búsqueda ha terminado. Al desear la alteridad que es él mismo, Toto revela que su salirse del cuerpo es regresar al cuerpo, que su ascensión es «la caída en la sexualidad, reencuentro de su cuerpo en el cuerpo de los otros» [60]. Dios, Padre, Adhemar, todas las figuras han sido, son y (tal vez) serán máscaras del falo.

De un modo abrupto, el último capítulo rompe la cronología de la obra. Una carta nunca enviada de Berto a su hermano nos devuelve a 1933, el año en que comienza la novela. De ella emerge la imagen del padre real, la figura que finalmente viene a completar la carencia sobre la que se ha tejido el universo del relato.

---

[58] GIRARD, pp. 35, 42.
[59] GIRARD, p. 73.
[60] PIGLIA, p. 355.

El texto había sido mencionado a través de la conversación de las criadas en el capítulo segundo, como un dato más entre muchos otros; su actualización ahora es muy significativa porque, como testimonio clave, recompone la imagen total de lo narrado. En este sentido, funciona como elemento de novela detectivesca, como información escamoteada que, según ya ha observado Rodríguez Monegal, no oculta un crimen, sino el destino de unos cuantos seres [61]. El recurso se emplea con frecuencia en el cine, sobre todo en las películas de suspenso y policiales: la mención de la carta como dato sin importancia y cuya real significación sólo se conoce al final, equivale al truco cinematográfico (y narrativo) del «plot-plant» (plantar, esconder en el argumento), definido como «an item of information —either in the form of dialogue or picturized action, or with a combination of both— that it is introduced at the story's opening... and then exploded by a sudden revelation, as a denouément» [62].

El ítem de información ciertamente contiene sorpresas, ya que si bien la carta confirma ciertos rasgos del personaje que se han hecho explícitos en el transcurso de la novela, también descubre aspectos desconocidos de la personalidad del padre. Berto se queja de su situación económica (TRH, 316), de la actitud de su cuñada que aconseja a Mita que no ayude monetariamente a su esposo (TRH, 320),

---

[61] RODRÍGUEZ MONEGAL, p. 60. Este mismo escamoteo, funcionando en grado máximo es el que convierte el asesinato en posibilidad que nunca se realiza en BAA. De ahí proviene lo que David Southard considera el perpetuo engaño de Puig hacia sus lectores. Cf. DAVID SOUTHARD, «Betrayed by Manuel Puig: Deception and Anti-climax in his Novels», en *Latin American Review*, 9 (1976), pp. 221 y ss.

[62] HERMANN, p. 58. Otra vez puede haber una influencia indirecta de Hitchcock que hace un uso magistral de estas trampas. Recuérdese el dedo amputado en *The 39 Steps*, el bolso amarillo que lleva la protagonista de *Marnie*, la jaula con el pájaro al comienzo de *The Birds*. Puig utiliza el recurso particularmente en el Capítulo II de BAA, en el que la morosa descripción de instrumentos parece indicar la inminente acción criminal de alguien. El engaño se aclara posteriormente cuando se revela que todo ha sido una puesta en escena de Leo.

y del desatino de su hermano —el destinatario de la carta— al sacarlo del colegio, privándolo de un destino mejor (TRH, 322). Junto con eso, Berto se manifiesta feliz de su matrimonio con Mita (TRH, 321), orgulloso de Toto, su «neni to precioso» (TRH, 315), a quien planea dar todo el apoyo posible para que el hijo tenga una buena educación y una vida mejor (TRH, 319).

De sus frustraciones y esperanzas sale la imagen de un hombre que, sin ser extraordinario, es un buen esposo y padre, preocupado del bienestar de su familia. Por lo mismo, no podemos estar de acuerdo con la lectura de Maldonado, para quien Berto se revela como contradictorio, si no completamente falaz[63], porque no podemos ignorar el hecho de que es el Berto de 1933 quien escribe estas líneas, no el Berto áspero, nervioso y distante que emerge a lo largo de la obra. Quien escribe es un hombre que, desilusionado en sus esperanzas por su hermano mayor, ha puesto todas sus energías en la familia y todas sus ilusiones en el hijo recién nacido.

Para el propio Puig, la inclusión de la carta sólo al final se justifica porque la clave de la novela es la ausencia del padre. «[D]e ese modo», dice Puig, «el lector debía repetir la experiencia del protagonista. Le escamoteaba ese personaje que sólo aparece al final. El lector re-vive la experiencia del protagonista que es la búsqueda de una figura que no está en ninguna parte»[64]. La justificación es absoluta porque, como ya hemos visto, en la búsqueda subyacen «el fin y el principio: encuentro con el Padre, descubrimiento de la identidad con el Otro al que busca desde siempre»[65].

Pero hay otro nivel de significado que amplía las posibilidades de explicación y que se puede ilustrar con un ejemplo tomado del cine: de algún modo, la carta funciona

---

[63] MALDONADO, p. 42.
[64] SOSNOWSKY, «Entrevista», p. 72.
[65] PIGLIA, p. 356.

con una carga semántica similar al «Rosebud» de *Citizen Kane* [66]; el texto epistolar en la novela de Puig equivale al trineo de la película de Orson Welles. De un modo subterráneo, ambos elementos representan la inocencia, la pureza y la ilusión, estados anteriores a la caída en el mundo real y conflictivo. Otro elemento común es que, tanto en el texto fílmico como en el novelesco, la explicación sólo es posible para los lectores/espectadores.

En *Citizen Kane,* el trineo se quema antes de que los periodistas puedan averiguar lo que quiso decir el magnate con la enigmática palabra; en la novela, la carta de Berto será destruida sin que los demás personajes alcancen a conocerla. Sólo nosotros, como testigos/cómplices, podemos explicar, reconstruir y participar en la frustración de éste y los personajes, entender una nueva dimensión de la traición a través de un texto que, seguido por el silencio, se constituye en el testamento de los sueños del padre.

Por el juego de perspectivas que la carta abre, la secuencia narrativa funciona a la manera de un inesperado flashback que recompone el mundo y, en consecuencia, reorganiza su significado. Para David Southard, este tipo de final es anti-climático y constituye una decepción para el lector [67]. Tenemos una opinión diferente porque si la carta, como pieza final de un puzzle, completa una imagen que no coincide con lo que esperábamos y creíamos conocer, por eso mismo, por la tensión no resuelta que deja en el lector, es lo contrario de anticlimática. ·

La primera lectura de la carta, como el trineo de Kane, nos remonta a la primera infancia de Toto, a su pureza inicial; por contraste, nos revela la mediocridad de las preocupaciones del padre, desde donde se originan los conflictos posteriores. El texto viene a ser la marca que establece el futuro antagonismo. Pero una lectura freudiana revela que las aspiraciones allí expresadas son asimismo el testimonio

[66] ORSON WELLES, director, *Citizen Kane,* con Orson Welles, Joseph Cotten, RKO, 1941.
[67] SOUTHARD, p. 23.

de las esperanzas de Berto, la manifestación narcisista del ego del padre que utiliza la carta como vehículo velado para la expresión de sus propias ilusiones proyectadas en el hijo. Según Freud, el afecto de los padres es en gran medida una reproducción del narcisismo que padre y madre han abandonado. La compulsiva sobreestimación hacia el niño opera como salida a las adquisiciones culturales que su propio narcisismo debe respetar y como renovación de todas las aspiraciones a las que ellos mismos han debido renunciar [68].

Desde este nivel de lectura, Berto se propone también como personaje en busca de lo otro (como Mita, como Toto). La reordenación del sintagma actancial altera notablemente el sentido de las fuerzas en oposición porque ahora, según las anotaciones teóricas de Étienne Souriau, el personaje antagónico puede verse, desde su propia perspectiva, como el héroe mismo. En el caso del padre, como fuerza positiva que, por ausencia y rechazo, se ha convertido en antagónica [69].

Desde la perspectiva de Toto, el padre ha sido el traidor. Ahora, desde Berto, se puede entender que el muchacho, al no realizar las esperanzas puestas en él, también

---

[68] La descripción de Freud puede servir perfectamente de correlato psicoanalítico de la carta ya que dice que «the child shall have a better time than his parents; he shall not be subject to the necessities which they have recognized as paramount in life... The child shall fulfill those wishful dreams of the parents which they never carried out —the boy shall become a great man and a hero in his father's place... At the most touchy point in the narcissistic system, the immortality of the ego, which is so hard pressed by reality, security is achieved by taking refuge in the child. Parental love, which is so moving and at bottom so childish, is nothing but the parent's narcissism born again, which transformed into object-love, unmistakably reveals its former nature». Véase FREUD, «Narcissism», pp. 90-91.

[69] Dice Souriau que «... chaque combinaison de ces éléments [las fuerzas dramáticas en conflicto], chaque 'état du ciel' dramaturgique, peut prendre un caractère morphologique différent selon le point de vue, c'est-à-dire, selon l'effet de perspective, qui peut prendre comme origine n'importe lequel des personages», que él explica en el cambio de la fuerza positiva desde Nora a Torvaldo en *Casa de Muñecas*. Cf. SOURIAU, pp. 125, 143.

ha cometido una traición. El motivo conductor resulta ser no una disposición unilateral, sino una proliferación que afecta, sin excepción, a todos los personajes del universo narrativo. Las zonas de conflicto se revelan como espacios movedizos o como espejos en que el binomio traición/decepción se invierte de acuerdo a la perspectiva de cada uno de los personajes, una constante ambigua y abierta.

Traicionar: entregar o exponer al enemigo por traición o deslealtad; ser infiel al no guardar y mantener algo; ser desleal, defraudar las esperanzas o expectativas de alguien; revelar o descubrir algo, violando una confidencia; revelar inconscientemente algo que uno habría querido ocultar; mostrar, exhibir, poner en descubierto; decepcionar, engañar; seducir y abandonar [70]. Las diferentes acepciones de la palabra que funcionan en la novela se amarran en un sentido general en las ideas de quebranto de la lealtad o fidelidad, ruptura de un acuerdo (explícito o no), falla a lo esperado, desequilibrio entre lo que debiera ser y lo que es, entre lo que se espera y lo que se recibe. El modelo clave puede reducirse a: A espera algo de B; B (voluntaria o involuntariamente) no corresponde a las expectativas de A; A es (o se siente) traicionado por B y surge la decepción.

El esquema ha estado presente a todo nivel de las relaciones y en todo momento de la progresión diegética. Ya desde la visión ajena de los padres de Mita, se ve que ésta los ha decepcionado al casarse con Berto y quedarse a vivir en un pueblo perdido en el interior; Berto traiciona a Mita (o ésta se cree traicionada) al no responder en esencia a lo que su apariencia parecía indicar (su estampa de galán romántico disfraza a un hombre convencional, ciego a la ilusión); Mita traiciona a Berto al casarse con él atraída por su apariencia de actor de cine y por su negativa a aceptarlo tal como es; Mita traiciona a Toto cuando lo rechaza porque el niño no asume el rol viril que la madre espera de él; Toto traiciona a Mita..., etc.

---

[70] Cf. *The Random House Dictionary of the English Language* (New York: Randon House, 1967).

La relatividad —y, por lo tanto, la universalidad— del campo de la traición se funda en la visión subjetiva de cada uno de los implicados, de tal manera que cada uno de ellos es un traidor para los otros y viceversa. De ahí resulta la decepción que permea los sentimientos de los personajes. Incluso las expectativas y las actitudes de Toto, el más traicionado, se tiñen de ambivalencia.

Si la novela se constituye desde un comienzo como exploratoria radiografía del sentimiento de traición en Toto, fundada a partir de la imagen de un padre que lo rechaza en lugar de darle amor, comprensión y amparo, ahora, desde la carta, puede verse que el hijo tampoco respondió a las ilusiones puestas en él porque no quiso o no pudo ser la recreación narcisista de su progenitor [71]. Traidores/traicionados, en todos los personajes se refleja, como diría Lacan, «el desplazamiento del significante [que] determina a los sujetos en sus actos, en su destino, en sus rechazos, en su fin y en su sino ... sin distinción de carácter o sexo» [72].

Quizá la forma de traición más importante es la que se produce en el desajuste entre la fantasía y la realidad, entre lo que debiera ser y lo que es. Si el mundo de lo real traiciona a Toto, éste, por el contenido y la persistencia de sus ilusiones, también lleva a cabo una forma de traición a lo simbólico y se fija en lo imaginario, como insistencia en la mitología personal [73].

El cine, dominio de las imágenes, es el medio a través del cual el muchacho puede invertir la experiencia frustrante

---

[71] PIGLIA, p. 360.

[72] Citado por MALCOM BOWIE, «Jacques Lacan», en *Structuralism and Since: From Lévi-Strauss to Derrida*, ed. por John Surrock (Oxford: Oxford University Press, 1979), p. 132. La traducción es nuestra.

[73] Véase DANIEL DAYAN, «The Tutor-Code of Classical Cinema», en *Film Quarterly*, 28, I (Fall, 1974), pp. 23-24.
El rechazo a lo real/simbólico opera en Molina como representación mental asumida como acto; en Gladys, escindida entre lo simbólico y lo imaginario, como utilización de lo real (la ceguera parcial) para asumir o impostar lo imaginario (el peinado al estilo de Verónica Lake).

del mundo. Ciego a lo real e instalado en la oscuridad, puede
«despertar» a ese mundo glamoroso en donde sus represiones pueden satisfacerse sin conciencia de culpa. Pero al
mismo tiempo, la novela es el proceso de aprendizaje de la
traición última: la lectura fílmica de Toto se ha sofisticado
al final y oscuramente toma conciencia de que la ilusión es
transitoria. Aunque en la experiencia del cine pueda olvidar el cuerpo, los sufrimientos, el dolor y la muerte, más
allá de la mirada —y en forma inexorable— se da cuenta de
la limitación, del espejismo. Al final, el espejo del cine es
el reencuentro del cuerpo y la caída; el fin de la película,
la revelación de la mediocridad. Rita Hayworth no es la única traidora, la buena de Norma Shearer también lo es. Para
llegar a esta conclusión, hemos debido reconstruir los frag-
mentos/visiones que la carta viene a completar, a llenar de
un sentido diferente.

III

EL ESPEJISMO: LA MECANICA DE LA ILUSION

> *I'm really a good girl... I'm not one for fussing. Not like those movie women... Rita Hayworth getting shot in the mirror and getting her man. Jane Wyman smiling through tears... I never set out to get my man, even in the mirror; they all got me. I never smiled through my tears; I choked down my terror.*
>
> Yvonne Rainer.

> *We watch the shadows of shadows kiss or kill,*
>
> *Flavoured of celluloid give love the lie.*
>
> Dylan Thomas.

Marta Morello-Frosch ha definido a *La traición* como «el arte nuevo de narrar películas». Alterando un poco la frase, podemos decir que más bien corresponde a un arte de narrarse en películas, un hacerse parte de la ficción que se da en el protagonista, en el autor y, por último, en nosotros mismos, una apertura textual proveniente de la impronta imaginaria que lo determina.

Ya se ha señalado la relación de homología que existe entre la estructura formal de la narración y la del mundo narrado [1]. Los elementos tomados del cine que aparecen a nivel del discurso —flash-backs, indicaciones de script, secuencias autónomas, fundidos, fullshots, close-up, cámara subjetiva, etc.—, tienden a enfatizar la representación mimética y visual por sobre lo diegético y descriptivo. La inmediatez de las voces equivale a la inmediatez de las imágenes fílmicas, en el sentido de que nos hacen ver antes que conceptualizar lo narrado. El predominio de lo puramente visual es evidente hasta en los relatos de películas, que dan mucha más importancia a la apariencia y a los actos de los personajes que a sus parlamentos.

El ejercicio de los sentidos construye la novela como juego de estructuras significantes intuitivas antes que intelectuales, lo que no quiere decir que el contenido intelectual esté ausente [2]. Por el contrario, aunque *La traición* se ofrece

---

[1] PIGLIA, p. 354.
[2] Tal parecía ser la opinión de cierto sector de la crítica, que caracterizaba la obra del novelista como parodia o recreación de «subgéneros» literarios, lo que le quitaba seriedad o trascendencia. Pero hubo otros que, desde un comienzo, supieron captar la seriedad y la complejidad de la obra de nuestro autor. Para una discusión más detallada, véase nuestro capítulo introductorio.

como percepción pre-lógica de la realidad, como «cognitio confusa», tras la engañosa apariencia de las imágenes subyacen contenidos muy complejos [3]. A ella se puede aplicar con justeza lo que plantea Rudolph Arnheim:

> ... intuitive perception conveys the experience of a structure but does not offer its «intelectual» analysis. For that purpose each element of the image must be defined independently. Its particular shape, size, and color are established in isolation, after which the various relations between the elements are explored one by one [4].

El modo de conocimiento intelectual parece no existir debido a la ausencia de un narrador básico, lo que nos fuerza, como lectores, a ir más allá de la información proporcionada para tratar de determinar el contenido oculto tras las imágenes. Pero, como todo en la novela, esto también es engañoso; sí existe un narrador implícito porque, como Mikhail Bakhtin señala, «... an ultimate semantic authority which requires a purely object-oriented understanding... exists in every literary work, but it is not always represented by a direct authorial word» [5].

La carta final es la prueba concreta. La ruptura del orden cronológico —y de nuestras expectativas— revela inequívocamente la presencia de un autor que, como el padre, se nos ha escabullido durante toda la novela. Esta autoridad semántica es la que determina la reorganización de los contenidos del relato.

El recurso del estilo directo, que el nouveau roman ha lle-

---

[3] Y, para el caso, todas las novelas que siguen, con excepción quizá de PA, en que la protagonista llega a una racionalización de sus problemas. Este nivel existe, aunque no todavía asumido por el personaje, en BMA, en el correlato teórico que explica las diferentes teorías sobre la homosexualidad, al mismo tiempo que refleja la trayectoria de la relación entre Molina y Valentín. Véase MASIELLO, «Jailhouse», p. 21; ECHAVARREN, «El beso y las metáforas», p. 69 y ROBERT ALTER, «Mimesis and the Motive for Fiction», en Tri Quarterly, 42 (Spring, 1978), p. 245.

[4] RUDOLF ARNHEIM, «Visual Thinking», en The Language of Images, W. J. T. Mitchell, ed. (Chicago: University of Chicago Press, 1980), p. 177.

[5] Citado por CHATMAN, p. 167.

vado a un extremo de impersonalidad autoral, puede verse aquí en su origen cinematográfico porque desde el momento en que la carta impone una visión en retrospectiva, toda la estructura de la novela aparece como resultado de una técnica de montaje, preconcebida para lograr un efecto determinado y determinante. Sólo ahora nos damos cuenta de que cada uno de los capítulos-secuencias, con su obvia marca de discurso no narrado [6], lejos de tener la arbitrariedad de un collage, se integra al diseño específico propuesto por el montaje al que estos fragmentos diegéticos han sido sometidos.

Porque el montaje supone una serie de rupturas en la supuesta homogeneidad del espacio y el tiempo de la acción representada, Christian Metz considera que es esta técnica, con su sentido de ubicuidad, la que más contribuye a la progresión de la historia [7]. De esa manera, se convierte en la principal operación significante del cine ya que al film, en tanto discurso, se realiza a partir del momento en que muchas imágenes se ponen en relación [8]. Es el efecto conseguido en *La traición*.

Como en el cine, el uso de la técnica en la novela permite transformar la simple reproducción de la realidad en escritura, en un sistema de producción de significados que trasciende el nivel mimético del lenguaje. Además, por el uso deceptivo de la técnica, la carta comprueba que el autor ha ocultado su presencia a través de un efecto del montaje «rarificado», definido por Michel Marie como el que opera «comme effet de masque, cache de raccords» [9].

Efecto de máscara. Ocultarse. Por el dominio del mon-

---

[6] «No narrados» en la medida en que son transcripciones directas de registros escritos, conversaciones, monólogos interiores, etc. Cf. CHATMAN, pp. 167-195.

[7] CHRISTIAN METZ, «Montage et discours», en *Essais sur la signification au cinéma*, II (París: Klincksieck, 1972), pp. 89-96.

[8] MICHEL MARIE, «Montage», en *Lectures*, p. 160.

[9] MARIE, p. 162. Montaje rarificado que determina el efecto de máscara en BAA, puesto al servicio del género y de los contenidos psicoanalíticos de la novela que, como totalidad, constituye un ocultamiento.

taje y por el manejo de los puntos de vista, Puig funde —en forma encubierta— en el plano narrativo la noción literaria de autor/narrador con la fílmica de autor/director, como la autoridad semántica invisible que gobierna la obra a su antojo y le da una escritura, un estilo, como Toto y su composición. Un estilo que, siguiendo a Barthes, podemos describir como «de l'ordre de la nécessité, de l'élan, de la vie, d'une poussée biologique, d'une germination obscure qui traverse l'auteur, et son histoire. Le style, ... c'est ce 'vouloir créer', en deçà de toute volonté personelle, c'est l'oeuvre qui appelle son artisan, qui le défie et le modèle. Le style est un destin» [10].

El estilo de Puig es, por lo tanto, esta escritura, singular en la narrativa hispanoamericana contemporánea en la que el texto fílmico cruza los límites hacia lo literario y viceversa. El estilo resulta de un juego intertextual absoluto, como efecto de permutación o transferencia que se demuestra, parafraseando a Kristeva, en la manera en que el texto narrativo lee los textos fílmicos y se incorpora en ellos [11]. Y, agregamos, en la manera en que a nosotros, como lectores, se nos exige una participación de espectadores.

La películas que aparecen contadas, mencionadas y sugeridas, no son sólo referentes externos, sino que constituyen una parte integral de la diégesis narrativa, del mismo modo que los actores, las actrices y sus acciones, como reflejos de Toto, vienen a ser —en última instancia— el propio personaje. Por esa podemos leer a Toto a través de los textos que menciona. Es lo que observa Pere Gimferrer cuando dice que la materia incorporada (las películas), «suplen a los tramos del relato que han sido objeto de elipsis» y que la apariencia superflua de estas unidades miméticas es engañosa puesto que «en cierto sentido, precisamente a través de tales segmentos miméticos se produce la progresión del discurso narrativo» [12]. Y de la historia.

---

[10] Citado por JEAN COLLET, «Auteur», en *Lectures,* p. 35.

[11] JULIA KRISTEVA, *La révolution du langage poétique* (París: Seuil, 1973), pp. 59-60.

[12] PERE GIMFERRER, «Aproximaciones a Manuel Puig», en *Plural,* 57 (1976), p. 24.

La «germinación oscura» de que habla Barthes puede ser en Puig el intento de explicar en forma indirecta, por medio del cine, los motivos de una ausencia muy real. En este sentido, y como el mismo autor reconoce, la novela tiene una raíz autobiográfica [13]. Como pura textualidad, que es el aspecto que nos interesa, la indagación en el pasado se constituye en un inmenso flash-back que, como tal, trata de «livrer la clé d'une enigme, justifier l'attitude, le caractère, le rôle d'un personnage» [14].

Por lo mismo, la información proporcionada por Toto, al ser el punto de vista limitado de un solo personaje —aunque se trate del personaje central—, exige la información complementaria que en la novela es suplida por las otras voces/testigos. El valor de verdad relativa que caracteriza el flash-back se evidencia a través de la carta de Berto, como texto clave que Toto no pudo conocer y que le da a la novela su final ambigüedad. Si el flash-back funciona como el referente ficcional que permite comprender la visión de la realidad de Toto, la carta —con su sentido de anagnórisis— genera una lectura distinta que subraya aún más la distancia entre lo que parecía ser (para Toto, para el autor, para nosotros) y lo que resulta ser la realidad.

La revelación final no es más que la suma de unas vidas oscuras, sumergidas en un pequeño mundo de clase, familia, opresiones y sueños. Como historia, la «educación sentimental» de Toto, sin los aderezos imaginarios tomados del cine, no es material para una película en technicolor. En el nivel del discurso, los segmentos miméticos organizan el

---

La progresión del reflejo asume distintas formas en las novelas posteriores. Para Gladys, los modelos fílmicos funcionan como expansiones del deseo; en Molina, contar es vivir, ser, la realidad es actuar. Ana, la culminación del proceso, finalmente puede ver los engaños del imaginario y de la realidad, accediendo a una forma de ser auténtica.

[13] Puig insiste mucho en la calidad autobiográfica de la novela. (Véase la entrevista de Sosnowsky, pp. 69-80). Como no es nuestro propósito hacer una lectura biográfica o psico-histórica, no nos detenemos más en este aspecto.

[14] MARC VERNET, «Flash-back», en Lectures, p. 97.

drama —gris, pero drama al fin— de un personaje sin esperanza de vivir la Gran Historia, la tragedia y el romance
que transfiguren la mediocridad y las presiones de la realidad. No obstante, y paradójicamente, en esta tensión de
un deseo escindido entre lo real y lo imaginario reside todo
el interés de la novela porque aunque «il s'agisse d'un té-
moignage ou d'un simple souvenir, la partie en flash-back
[toda la novela] est donnée comme 'plus vraie', plus esen-
tielle que la partie 'au présent'. Cela est particulièrement
sensible dans les films sur la psychanalyse [una lectura posible en *La traición*] où le flash-back figure l'émergence irré-
presible de la vérité» [15].

Es lo que trataremos de descubrir a continuación, sin olvidar que nuestra lectura —sujeta a los engaños del personaje, del autor y de nuestro propio inconsciente— también
tiene el valor de verdad relativa.

Detenerse en los mecanismos que operan en el nivel de
la historia tal vez nos ayude a comprender el fracaso de
Toto, junto con la persistencia de la alucinación; acaso sea-
mos capaces de figurarnos el rumbo eventual de su destino.
Empecemos por situar sus preferencias fílmicas.

Aunque Toto parece ser un espectador indiscriminado y
omnívoro, muy pronto nos damos cuenta de que prefiere (recuerda y alude) películas que, de manera muy general, son
conocidas como «women's films» («películas de mujeres»).
La noción, arbitraria y un tanto peyorativa, designa a un
tipo de film que funciona sobre contenidos afectivos o sentimentales que, por razones no siempre justificadas, se con-
sideran ausentes de las películas «masculinas», tales como
el western, el film de gangsters, las películas de acción y
aventuras [16]. El título común agrupa a toda una serie de
cintas que tienen a la mujer como centro del universo fílmico y en las cuales la heroína prueba sus emociones en

---

[15] VERNET, «Flash-back», p. 98.
[16] MOLLY HASKELL, *From Reverence to Rape: The Treatment of
Women in the Movies* (Middlesex: Penguin Books, 1979), pp. 153-154.

toda clase de argumentos y escenarios. Demás está decir que están destinadas a un público femenino [17].

Por los años 30, inmediatamente después de la depresión, Hollywood comienza a producir películas que explotan el aspecto glamoroso y romántico de la mujer, presentada casi siempre en un plano de igualdad con el hombre en la competencia por la felicidad. Algunas de las mejores comedias y los más fuertes dramas del cine norteamericano se filmaron durante estos años. Pero todas estas películas que muestran a la mujer como solvente, competitiva y emancipada son, en realidad, un anacronismo, más adecuado a la década anterior. La utilización de esta imagen falsa, observa Marjorie Rosen, tiene como fin distraer de la realidad de los años que siguen a la depresión, en que la situación de la mujer era exactamente la opuesta [18].

Para deleite de un público ansioso de sueños (de escapismo), las estrellas de la época vestían y comían como reinas y no lo pasaban mal en absoluto, tanto en las películas como en la publicitada vida personal. De este modo, las actrices de Metro-Goldwyn-Mayer, por ejemplo, se convierten en la sofisticada encarnación de una mujer sin ningún contacto con la realidad y cuya relevancia social, por ignorada, era nula. El código patriarcal del cine de Hollywood impone la imagen de una mujer cuyo único rol de importancia se da en la relación amorosa sancionada, la relación en que la mujer es novia, esposa o madre cuyo último fin es, sin variación, hacer feliz al varón.

Con muy pocas excepciones —y pensamos en Katharine Hepburn, Marlene Dietrich, Bette Davis, Greta Garbo—, incluso las fuertes personalidades de Clara Bow y Jean Harlow, de Joan Crawford y Carole Lombard terminaban siempre por sacrificar sus carreras y sus sueños de independencia para realizarse en la santidad del matrimonio.

---

[17] HASKELL, p. 155 y ROSEN, pp. 190 y ss.
[18] «In the name of escapism, films were guilty of extravagant misrespresentations, exuding a sense of well-being to the nation in general and women in particular». ROSEN, p. 134.

El esquema preservaba el orden social, sin peligro para la figura masculina, al mismo tiempo que se reforzaba la noción tradicional de que el derecho de la mujer a existir como persona estaba supeditado al bienestar del hombre. Rosen señala que, de este modo, el cine de la época puede verse como una distorsión reconfortante y engañadora que sirve a una sociedad patriarcal emasculada por la devaluación monetaria. El imaginario fílmico se transforma en la política de la fantasía en blanco y negro de las masas, con la mujer como oveja propiciatoria [19].

En la década del 40 se percibe un leve cambio en la caracterización del rol femenino. A consecuencia de la guerra, que había vaciado los cines de público masculino, se producen muchas películas que presentan una imagen más realista de la mujer como profesional, emancipada y sustentadora de la familia. Es interesante notar que este tipo de «women's film» no entra en la preferencias de Toto [20]. Cuando sus heroínas tienen alguna profesión, ésta es considerada más en su connotación glamorosa (la profesión es casi siempre «artística») que en su denotación económica.

Las preferencias del muchacho responden al tipo de film artificial, sofisticado y lleno de romanticismo de la década anterior, sobre todo al «romántico» al estilo de Hollywood que muestra un estereotipo de feminidad. Toto responde a un juego que tiene, precisamente, la relación romántica como señuelo. Ya en 1933, Irving Thalberg (un alto ejecutivo de MGM y esposo de Norma Shearer) había declarado: «[Women] don't have as much a sense of humour [as men do]. So we'll give women» a romance to become interested in» [21].

Tal es la filosofía discriminatoria que orienta los contenidos de la mayoría de las películas preferidas por Toto,

---

[19] ROSEN, p. 146.

[20] Al contrario, es este tipo de mujer fuerte el que modela las actuaciones de Gladys en BAA. Molina, por su parte, adopta el tipo de heroína que es casi una caricatura de la feminidad, con una carga masoquista que enfatiza la culpa derivada de las relaciones personales y que se resuelve en la renuncia y el sacrificio.

[21] Citado por ROSEN, p. 145.

quien parece no advertir que, como señala Molly Haskell, la calidad melodramática del romance hecho en Hollywood se basa en «a mock-Aristotelian and practically conservative aesthetic whereby women spectators are moved, not by pity and fear but self-pity and tears, to accept, rather than reject, their lot» [22].

La denominación común de «películas de mujeres» incluye una heterogénea muestra de géneros cinematográficos. Tomando como eje común a la figura femenina, se puede decir que pertenecen a un mismo género todas las películas que tratan de un mismo asunto y que usan los mismos elementos de la realidad histórica como referente común [23].

El film de género se reconoce por un cierto número de rasgos esenciales. Para que una comedia musical sea típica, debe tener necesariamente música, canciones y bailes, hilvanados sobre una mínima línea argumental. La comedia musical hollywoodense agrega, aparte de la suprema artificialidad de los números musicales, un elemento que es, en palabras de Leo Baudry, «the potential of the individual to free himself from inhibition, at the same time that he retains a sense of limit and property in the very form of the liberating dance» [24]. El efecto liberador y contenido explica la fascinación de Toto por la serie de musicales protagonizados por Ginger Rogers y Fred Astaire, en que la asexuada sofisticación del argumento y los bailes ofrece una forma de catarsis sin peligro.

El melodrama, descuidado las leyes de causa y efecto, busca intensificar los sentimientos, exagerar las emociones, conmover a toda costa. El drama —que el cine de Hollywood nunca distinguió demasiado del melodrama— opone conflictos y personajes, acontecimientos pasionales que, sin variación, llevan a finales impresionantes. De ahí la atracción

---

[22] HASKELL, p. 155.

[23] MARC VERNET, «Genre», en *Lectures*, p. 109.

[24] LEO BAUDRY, *The World in a Frame: What We See in Films* (Garden City, N. J.: Anchor Books, 1977), p. 140.

de Toto por las películas con finales desgraciados: a más tristeza, más goce. Purificación engañosa y limitante.

Otra característica que tiene un papel crucial en la orientación de los gustos de Toto es que el film de género transporta al espectador a un mundo de apariencia familiar, poblado de alentadores estereotipos de personajes, acciones y escenarios [25], un espacio mítico imaginario en el que el espectador puede «expectar» (ver y esperar) sin demasiado riesgo para sus ilusiones. Por eso se explica el rol de refugio que este tipo de películas asume frente a la realidad cambiante, agresiva y desconocida para el niño.

Por la misma existencia de las expectaciones genéricas es que son tan importantes las convenciones que, en estos casos, son del orden de los códigos cinematográficos particulares porque, según Metz, no aparecen más que en esta clase de películas [26]. El cine de Mollywood, particularizando los rasgos de significación de las películas de mujeres, codificó en forma muy precisa el decorado y el peinado, el vestuario y la gestualidad de sus actrices. La intencionada estilización —el artefacto— de los efectos visuales, sumada al énfasis puesto en la «estrella» (producto del star-system) y a la explotación del glamour, reforzaba la ilusión de un público (defraudado muy rara vez) de que las actrices principales, no importa qué peripecias estuvieran sufriendo en la pantalla, siempre iban a aparecer —y aparecían— regias, impecables. Impecables, que es como decir implacables, agregaría Cabrera Infante. Tal es el mundo terso, lujoso y sofisticado, que Toto quiere ver en la realidad; su escenario, el piso de mármol de un Banco de provincia; su Fred Astaire, el tío de Alicita.

---

[25] BAUDRY, pp. 110-121.

[26] CHRISTIAN METZ, *Langage et cinéma* (París: Larousse, 1971), pp. 46-47.

[27] «The system of accenting the beauty of the stars causes some actresses to become obsessed with their looks. The beautiful heroine who is rescued from drowning insists that at the rescue every hair must be in place and her looks be as perfect as usual.» HORTENSE POWDERMAKER, *Hollywood: The Dream Factory* (Boston: Little, Brown and Co., 1950), p. 246.

Otro elemento que está muy presente en la percepción de Toto es que las películas de mujeres, por la marca genérica, permiten el inmediato reconocimiento de los personajes por el espectador [28]. La diégesis fílmica se organiza a partir de elementos/personajes que ocupan el mismo lugar los unos respecto de los otros; este mecanismo explica, por ejemplo, la percepción reiterada de Toto de que Norma Shearer o Shirley Temple o Luise Rainer sean *siempre* buenas. El muchacho no hace más que interpretar en la forma impuesta por los códigos, que no admitían variación. Cuando la expectación no se cumple, se produce la crisis identificatoria en el muchacho, como cuando la imagen fílmica de Rita Hayworth rompe la estabilidad del género y, por consiguiente, la seguridad ilusionada e ilusoria de Toto/espectador. En la cerrada estructura, la buena niña siempre debe ser tal, el traidor (la traidora, en este caso) debe permanecer así y recibir su merecido castigo [29].

Esta rígida codificación afecta la estructura de lo que Metz denomina «códigos no específicos», como oposición a los «específicos» del cine, constituidos por la banda-imagen y la banda-sonido. Los códigos no específicos son aquellos susceptibles de aparecer en otros lenguajes, aquellos que no son privativos de un solo lenguaje dado que «leur plan de l'expression consiste lui-même en des configurations abstraites des semantismes, leur plan de contenu correspond à la signification sociale et culturelle qui s'attache à ses configurations» [30].

Estos códigos, como anteriores a la materia del contenido, anteriores al sentido común a todos los lenguajes, explican la lectura del texto fílmico como funcionamiento de códigos perceptivos por el espectador que le permiten comprender las nominaciones icónicas. Sin duda, el código no

[28] VERNET, «Genre», p. 111.
[29] «The hero was always the same, as was the villain, and no one expected one of the characters to change their role». POWDERMAKE, p. 248.
[30] METZ, *Langage,* p. 188.

específico más relevante para nuestro personaje —y para nuestra propia lectura— es el código de la narratividad, que es el que posibilita la construcción final con respecto a los textos fílmicos utilizados.

Por la impregnación genética que los caracteriza, los códigos de la narratividad son fácilmente reconocibles en las comedias musicales, los melodramas y romances que Toto prefiere. El niño puede identificar con suma facilidad a agentes y pacientes, protagonistas y antagonistas, ayudantes, obstáculos, fuerzas en conflicto, etc. Bajo la égida del romance, por ejemplo, la lógica de la acción es muy previsible: A quiere a B; surge C (un rival, un problema), pero, en general, A logra a B. Incluso en los finales desgraciados se introduce siempre un elemento que redime la decepción, como Toto demuestra haber captado cuando dice, hablando de películas «bellas pero tristes», que «'Romeo y Julieta' es de amor, termina mal, que se mueren: una de las cintas que más me gustó» (TRH, 37).

Funciona también en las películas de mujeres un código moral disfrazado, en el sentido de que hay mensajes que «informan» el film sin que la instancia narrativa o el espectador sean muy conscientes de ello. Es el código moral tradicional que en la dicotomía Bien/Mal tiende a simplificar haciendo de éstos valores absolutos y, en el cine de Hollywood, identificando Bondad y Belleza. De esta forma, el cine perpetúa la conservadora distinción entre Madona y Puta, cuyo resultado fílmico es la exaltación de la figura de la madre y esposa, en detrimento de la aventurera y la amante. Los valores sociales fílmicos reafirman y reproducen —a un nivel inconsciente— los valores de la sociedad patriarcal que origina los textos fílmicos.

Todo este aparato fílmico, estereotipado y artificial, explica que Toto, primero a través de Mita y luego por cuenta propia, adquiera una visión simplista y distorsionada de la realidad, sin que parezca tener conciencia de que la imagen buena y glamorosa de la mujer presentada en esas películas no es sino una máscara de la misma represión que el muchacho trata de evitar. Debemos tener en mente, sin embargo, que Toto accede a los textos fílmicos a través de Mita, aprende a descodificarlos desde una perspectiva «femenina» que —incrustada en una sociedad que reprime a la mujer— no cuestiona los mensajes fílmicos y que genera, en consecuencia, las condiciones para la eventual confusión.

Pero todas las razones señaladas no bastan como explicación. Si Toto no es inocente ni carece de inteligencia, es indudable que existe otra clave explicatoria de su «ceguera», su rechazo a ver y a aceptar la realidad tal como es. Creemos que el intenso proceso de identificación/proyección que nuestro personaje experimenta cn los modelos fílmicos se deriva en parte de un efecto de la maquinaria del «star-system», ese afán de los estudios de Hollywood por crear una «imagen» para sus actores y actrices más famosos que, en la vida real, coincidiera —o pareciera coincidir— con la imagen fílmica.

En la ilusoria naturaleza de la imagen estelar, en la ambigüedad de la superposición del plano real (el actor/persona) y el imaginario (el actor/personaje) yace el engaño, pues, como dice Edgar Morin, «c'est lorsque la projection mythique se fixe sur sa doble nature et l'unifie que s'accomplit la star-déesse. Mais cette déesse doit être consommée, assimilée, integrée: le culte s'organise aux fins de cette identification» [31].

Se produce entonces la estilización metonímica de los actores/personajes como una de las normas de redundancia o iteración posibles en el mensaje de las películas de mujeres. Allí, el personaje/actriz es moralmente definido por sus acciones y su apariencia, como en los casos de Shearer, Rogers y Temple, en los que la fijación del arquetipo es máxima y, por lo tanto, la ambigüedad moral tiende a cero. Y se espera y se cree que la misma pauta rige la vida real de las estrellas. Hortense Powdermaker, al referirse a la importancia de este tipo de expectativas, menciona el escánda-

---

[31] EDGAR MORIN, Les stars (Paris: Seuil, 1972), p. 92.

lo que se produce cuando Ingrid Bergman, la heroína buena
de tantas películas predilectas de Toto, abandona a su marido para huir con Roberto Rossellini, de quien espera un
hijo. Sirve como ejemplo de que, en Hollywood al menos, la
naturaleza imita al arte. Como prueba de la importancia del
culto a la estrella, la actriz se ve obligada a residir en Europa. Como dato al margen, Powdermaker agrega: «The cla-
mor raised over Ingrid Bergman's broken marriage and her
relationship with the director Rossellini indicates that she
was a different symbol to movie fans than was Rita Hayworth» [32]. Y ahí está Toto para probarlo.

El «star-system» se desarrolla precisamente sobre la base
de la estabilización de tal modelo, haciendo que el espectador proyecte el arquetipo mítico sobre la persona real que
lo encarna [33]. En las preferencias de Toto, la tipificación es
muy clara. Luise Rainer, sea Anna Held en *El gran Ziegfeld*
o Poldi en *El gran vals,* es *siempre* la dulce y buena Luise;
Ginger Rogers, en cualquiera de las películas con Fred Astaire, es la bondad y la sofisticación personificadas; Shirley
Temple repite su bondad y su encanto hasta la náusea (esto
último no lo dice Toto, por supuesto).

La percepción mítica de la actriz se advierte desde las
primeras experiencias fílmicas de Toto. Por ejemplo, en su
temprana alusión a *Romeo y Julieta,* el niño nunca se refiere al personaje como tal (Julieta), sino a la actriz que lo
encarna (Norma Shearer), recalcando que Shearer «nunca
es mala» (TRH, 37). Otro tanto sucede con Shirley Temple
que como Shirley conquista el amor del abuelo malo en *The
Little Colonel* (TRH, 46).

«La star», dice Edgar Morin, «n'est pas seulement une
actrice. Ses personnages ne sont pas seulement des personnages. Les personnages des films contaminent les stars. Réciproquement, la star elle-même contamine ses personna-

---

[32] POWDERMAKER, p. 250.
[33] Cf. ROMÁN GUBERN, *Mensajes icónicos en la cultura de masas*
(Barcelona: Lumen, 1974), pp. 239-240.

ges» [34]. El star-system se encargó de explotar esta ambigüedad básica para reforzar la credulidad del espectador.

Como ha determinado Greimas, en la narrativa es posible distinguir entre actante y actor, el uno perteneciente a la sintaxis narrativa general, el otro reconocible en el discurso particular en el que se manifiesta [35]. En el cruce de ambos se produce el personaje, el agente de la acción. Pero en la representación directa-mimética del teatro y el cine, a la dramatis persona se suma la persona real, el actor o la actriz que encarna el papel y que, en el cine de Hollywod, puede no coincidir con la «persona» fílmica fabricada por el sistema.

Desde aquí se desprende una peculiaridad de la relación actor/personaje que, sobre todo en las películas de mujeres, tiene enormes repercusiones. Es evidente que la actriz es el medio a través del cual vemos al personaje en acción; tanto o más evidente, aunque nunca considerado con la debida atención es el efecto que ya señalaba Morin: la individualidad de la actriz (o su imagen) reviste al personaje de características icónicas de significación específica.

Si es aceptable hablar de un film de autor/director, como cuando se habla de un film de Fellini o de Bergman (o de Hitchcock o Cukor, para nuestro caso), lo mismo podría hablarse de un film de actor o actriz, en el que la individualidad, el estilo de actuación, el físico y el tipo de personaje ponen en marcha una operación metonímica mediante la cual el film se define desde el actor o actriz principal. Así podemos hablar de un film de Jane Fonda o, para volver a nuestro terreno, un film de Norma Shearer o Ginger Rogers.

Guillermo Cabrera Infante, un cinéfilo recalcitrante, dice: «quizá algún día acabe de pasar esta beatería de la crítica que no quiere ver la importancia del actor en el cine, a contrapelo del espectador común... Es evidente que la personalidad del actor opera un cambio en la película en que

---

[34] MORIN, p. 36.
[35] GREIMAS, «Les actants», p. 161.

actúa» [36]. Una parecida línea de pensamiento es la que expresa Hortense Powdermaker al indicar que «the audience tends to identify the actor with the role and thinks it is seeing the man and not the actor. When the average movie-goer describes a picture he has seen, he gives the plot in terms of what happened to John Garfield, Bing Crosby or Ingrid Bergman» [37]. Cambiemos «average movie-goer» por Toto, «actor» por «actriz» y «John Garfield y Bing Crosby» por «Norma Shearer y Luise Rainer», y estaremos describiendo el mismo efecto.

Pero basta de pruebas obvias. Esta manera de reconocer (leer) un film no indica tan sólo la aproblematización del universo fílimco en términos de significado, sino que tiene que ver con la relación fundamental que se establece entre el espectador y lo visto, el texto fílmico. Para Thomas Kavanagh, el rol del actor en la identificación espectador/texto sobrepasa las categorías genéricas y supone otro ángulo de comprensión del star-system. Señala éste que el film de género puede funcionar sin la presencia de un actor determinado —como lo prueba la existencia de innumerables comedias musicales sin Ginger Rogers, por ejemplo— y que el star system enfatiza más el aura que rodea a la estrella —la glamorosa vida privada de Norma Shearer— que la práctica de información del texto fílmico [38]. Pero ambas determinaciones contribuyen, y aquí diferimos de la opinión de Kavanagh, a la fijación del actor (actriz, para nuestro caso) como portador de significado, sea éste específico de la historia o del género, como lo prueba el hecho de que cada vez que Rogers intentó hacer un rol no musical, fue un fracaso de público; o connotativo no-fílmico (como el casamiento de Shearer con Irving Thalberg o el escándalo Bergman-Ros-

---

[36] GUILLERMO CABRERA INFANTE, *Arcadia todas las noches* (Barcelona: Seix Barral, 1978), p. 142.
[37] POWDERMAKER, p. 207.
[38] THOMAS KAVANAGH, «The Middle Voice of the Film Narration», en *Diacritics*, 9, núm. 3 (Fall, 1970). En todo lo que se refiere al problema de la «middle voice» seguimos muy de cerca este artículo, que ha sido fundamental para probar nuestros puntos de vista.

sellini). Ambos factores ayudan a la texturación de una verosimilitud que puede pasar por verdad.

Kavanagh encuentra que la clave para explicar el rol semiótico del actor se halla en la categoría lingüística de la «middle voice» (voz media), concepto sugerido por los trabajos teóricos de Emile Benveniste.. Para éste, la voz activa describe una acción que sale del sujeto, va más allá de él; la voz media se refiere a una acción que se queda dentro del sujeto. Este planteo teórico explica, según Kavanagh, el rol del actor como voz media ya que «here the subject is the seat of the process, even if this... demands an object; the subject is the center as well as the agent of the process; he achieves something which is being achieved in him» [39].

Aplicando estas ideas a las películas de mujeres, éstas se definirían por la implícita existencia de otra voz que informaría la presencia de la actriz principal; de tal modo que las categorías de oposición tales como personaje/situación, nombre/verbo, activo/pasivo se convierten las más de las veces en pura fórmula. Lo que en verdad ocurre, de acuerdo a Kavanagh, tiene que ver con el status de la actriz como sujeto. Por eso, si un espectador como Toto ve una película de Norma Shearer, lo que ve no es simplemente a la heroína en acción, sino una literal «normashearización» del film. El proceso se efectúa porque, según Edgar Morin, «la star détermine les multiples personnages... elle s'incarne en eux et les trascende. Mais ceux-ci la trascendent à son tour: leur qualités exceptionelles rejaillisent sur la star. Tous les héros que Gary Cooper enferme en lui le poussent à la présidence des États-Unis et, réciproquement, Gary Cooper ennoblit et grandit ses héros, les garycooperises» [40].

Es el proceso observable en las lecturas de Toto con respecto a sus otras favoritas, Rainer, Temple y Rogers, lo que no es de extrañar ya que, por el rol de las actrices como voz media, todo el universo actancial, pasando de una película

[39] BENVENISTE, citado por KAVANAGH, p. 56.
[40] MORIN, pp. 36-37. Kavanagh ilustra el mismo fenómeno con el ejemplo de Clint Eastwood. Cf. p. 56.

a otra o de un género a otro, siempre es más o menos el mismo. De esa manera, las dicotomías de la cadena narrativa «exist within these films not as an origin but as a product of a transformation within the structuring of the middle voice» [41]. Como resultado, el aspecto narrativo se ve no como punto de partida, sino como el producto de una serie de transformaciones en tanto que el espectador (Toto, nosotros) trata de resolver la estructura de la voz media que es la película de actriz. Marc Vernet, hablando de la especificidad del actor dentro de las películas cerradas o genéricas, indica que el personaje se sitúa siempre entre el actante y el actor, y así «on n'identifie les personnages que parce qu'ils sont incarnés par des vedettes», el actor o la actriz que, como presencia organizadora, es «celui avec qui la caméra se déplace: il lie l'espace, dans la mesure où il fait le lien entre les différentes séquences ou les plans d'un film. Il est ce qui assure à la fiction à la fois sa durée et sa continuité» [42].

Como el personaje propone la lectura de la imagen y del espectáculo fílmico, el film se transforma en una cuidadosa orquestación de las acciones de la actriz/actante. La motivación, siempre presente en relación a la diégesis, preanuncia el reconocimiento de la voz media entre lo activo y lo pasivo [43]. Este es el factor que cuenta, por ejemplo, en la serie de películas que muestran a Shirley Temple a través de múltiples obstáculos que siempre logra superar; o la cadena de desdichas por las que pasa Norma Shearer de las que emerge invariablemente digna, si no todo el tiempo con felicidad; o los numerosos equívocos en la relación Rogers-Astaire, que nunca hacen peligrar el final feliz. En tales películas, la clave dialéctica no está en la pareja actante-mundo exterior sino, como indica Kavanagh, entre «an always transparent occultation of the actorial presence against its inevitable 'parousia'. The actor, in the actor's film exists,

---

[41] KAVANAGH, p. 56.
[42] VERNET, «Personnage», en *Lectures*, p. 177.
[43] KAVANAGH, p. 58.

paradoxically enough, not through his actions but within its being». Agrega Kavanagh que la voz media viene a ser, en un sentido profundo, la voz de la ideología que, disfrazada como diégesis, confirma en el espectador lo que éste nunca dudó [44].

Por eso no son desusados los juicios de Toto: Norma Shearer, Shirley Temple y Luise Rainer son buenas en todas las películas porque se inscriben en un sistema que las define como tales. Estas mujeres/actrices/personajes funcionan como sujetos unificadores entre la forma del contenido (el significado) y la forma del discurso (el significante). Por este doble proceso de identificación se explica la seducción de Toto. En su lectura, «to seize movement is to become movement, to follow a trajectory is to become trajectory, to choose a direction is to have the possibility of choosing one, *to determine a meaning is to give oneself a meaning*» [45].

El «yo soy» de la actriz se impone en Toto por un acto de fe en su doble, en la imagen fílmica reforzada por toda una serie de códigos de vestuario, gestos, expresiones faciales y corporales que enfatizan la primacía de la actriz como actriz, como estrella cuyo distintivo es, según Morin, «le caractère supérieur et idéal qui en fait un archétype... *la star joue son propre personnage,* c'est-à-dire celui du personnage idéal qu'expriment naturallement son visage, son sourire, ses yeux, son beau corps... nous allons voir Garbo dans Garbo» [46].

La maquinaria del realismo ilusorio asigna a la mujer un

---

[44] KAVANAGH, p. 58.

[45] JEAN-LOUIS BAUDRY, «Ideological Effects of the Basic Cinematographic Apparatus», en *Film Quarterly,* 28, 2 (Winter, 1974), p. 43. El subrayado nos pertenece.

Kavanagh señala que la ideología del individualismo radical que informa al film de actor se constituiría en el polo opuesto a la concepción brechtiana de representar al personaje central como el nexo deductivo de las fuerzas económicas y sociales que definen sus acciones. Cf. KAVANAGH, p. 60. Esto es importante ya que explica la forma en que la ideología capitalista sirve a los personajes de Puig para reafirmar una pretendida (ilusoria) individualidad.

[46] MORIN, p. 117. El subrayado es nuestro.

rol que preserva el sistema y «prevents women from kno-
wing their reality, i. e. the truth about their oppression» [47].
Toto parece no tener conciencia de que tanto el vestuario
—como moda, determinación de clase y de sexo—, la decoración, las relaciones sexuales —determinadas emocional y
políticamente por una ideología— y el lenguaje corporal, con
sus variaciones de clase y cultura, aunque presentados como
formas naturales, son artificios que ocultan la honda in-
crustación en las normas de las que parecen escapar [48], y
Ann Kaplan, haciendo un análisis feminista del tratamiento
de la mujer en el cine tradicional, puede agregar que «the
representations that predominate in Hollywood are heavily
coded in terms of class, sex and race: they reflect the representations of the dominant class —their specific images,
myths, concepts— rather than some set of representations
common to everyone, or in some way absolutely necessary.
Many of us enjoy or identify with the representations because we have grown up in a culture that has always presented
them as ideal...» [49].

En el goce y la identificación que las imágenes producen
se manifiesta una forma de narcisismo puesto que, como
señala Kavanagh, este tipo de film prácticamente fuerza la
identificación del espectador (Toto) con el personaje central.
La voz media transforma de este modo el básico voyerismo
del cine en vehículo para un narcisismo que es «the ultimate
denegation of the self» [50]. Es lo que Morin ve como efecto
de la «religión» de la estrella, la práctica imaginaria que
permite a Toto identificarse con sus actrices favoritas como
confirmación de que «tout amour de soi s'exalte à travers
l'amour d'autrui, tout amour d'autrui, dans notre civilisa-

---

[47] ANN KAPLAN, «Integrating Marxist and Psychoanalytical
Approaches in Feminist Film Criticism», en *Millenium,* 6 (Spring,
1980), p. 9.

[48] EILEEN MC GARRY, citada por KAPLAN, p. 9.

[49] KAPLAN, p. 12.

[50] KAVANAGH, p. 60.

tion individualiste où l'amour est aussi égoïsme, implique un amour de soi» [51].

El problema en Toto se deriva del carácter transgresor de su narcisismo porque, cuando llega a «verse» en el otro, lo hace en un cuerpo femenino, travestido en Ingrid Bergman primero y luego en Carla/Militza Korjus. Quizá podamos explicar la trayectoria de su transgresión de un modo oblicuo, sirviéndonos de un texto fílmico que, a primera vista, parece muy distanciado de las preferencias de nuestro personaje. Se trata de la película *Sylvia Scarlett,* vista a través del incisivo análisis de Pascal Kané, que muestra cómo el producto fílmico, a pesar de su visible intento de trascender el comportamiento de un modelo funcional —en este caso, la rebelión de la heroína contra las normas sociosexuales— termina en una reabsorción de los moldes que el modelo parece romper [52].

Tomamos el ejemplo por varias razones: a) La película pertenece a la categoría de los «women's films» porque el centro de las aciones es Sylvia, interpretada por Katharine Hepburn. Digamos, antes de avanzar, que esta actriz no aparece nunca mencionada por Toto, tal vez porque su imagen fílmica está siempre connotada por un elemento fuerte y agresivo que obviamente no se ajusta al estereotipo femenino que Toto maneja [54]; b) El director es George Cukor, especialista en películas de mujeres, en las cuales trata de mostrar una imagen positiva de éstas. Es él quien ha dirigido *Romeo and Juliet,* por ejemplo, además de otras que, sin ser mencionadas, gravitan en las preferencias del niño: *Camille* (con Greta Garbo) *Dinner at Eight* (con Jean Harlow) y *The Women* (con una sublime Norma Shearer quien, según una reseña en «The New Yorker», cries and cries and

[51] MORIN, pp. 90-91.

[52] PASCAL KANÉ, «*Sylvia Scarlett*:Hollywood Cinema Reread», en *Substance,* 9 (1974), pp. 35-43.

[53] GEORGE CUKOR, director, *Sylvia Scarlett,* con Katharine Hepburn y Cary Grant, RKO, 1936.

[54] Dis-gusto que Puig comparte, como se desprende de una conversación sostenida con el autor en junio de 1980.

cries) [55]; c) El desplazamiento subversivo de la actriz/personaje en el imaginario fílmico admite una lectura que, con signo contrario, se puede aplicar a Toto. Es como una versión en negativo de la propia historia del muchacho, la escritura de un cuerpo posible de leer como el cuerpo de Toto.

Al comienzo del film, vemos que Sylvia y su padre se encuentran obligados a huir de la ciudad en que viven porque son buscados por la policía. Pero pasar inadvertida, Sylvia —cuya madre ha muerto hace poco— se corta el cabello y se viste de hombre. Luego de una serie de contratiempos sufridos a causa de su marginación social, padre e hija se hacen amigos de un pintor (Cary Grant) quien, como es de suponer, trata a ambos como si fueran personas de su propio sexo. Esto da lugar a una serie de equívocos sexuales en la relación entre el pintor y la protagonista. Hacia el final, el padre de Sylvia se suicida y ésta, sin tratar de negar los sentimientos amorosos que el pintor ha despertado en ella, vuelve a vestirse de mujer y todo se resuelve en el final feliz.

Siguiendo el análisis de Kané podemos mostrar la correspondencia invertida del deseo de Toto, cuya historia más o menos repite el esquema de opresión del texto fílmico. En la película, Sylvia/Katharine, viendo que el mundo se divide entre agresores y agredidos, resuelve ser agresora, desplazarse a la figura masculina [56]. Toto realiza el proceso opuesto cuando se desplaza hacia la figura femenina pasiva. Al cortarse las trenzas, Sylvia deviene Silvestre, haciendo un juego con los símbolos de castración (castrando la representación de su carencia, se hace no-castrada); Toto, al asumir el rol femenino, se autoimpone una castración artificial.

---

[55] GEORGE CUKOR, director, *Dinner at Eight*, con Jean Harlow y John Barrymore, MGM, 1933.

GEORGE CUKOR, director, *The Women*, con Norma Shearer, Rosalind Russell, Joan Crawford y Paulette Goddard, MGM, 1939.

Ambas películas aparecen citadas, además de *Camille*, como correlatos en BAA, lo que sería otro índice de la recurrencia de los gustos fílmicos de los personajes de Puig.

[56] KANÉ, p. 39.

Como Sylvia, el muchacho oculta un deseo incestuoso, al querer ocupar el lugar de la madre; en la película, la situación se resuelve cuando Sylvia dirige su deseo hacia el pintor. En Toto, tal transferencia nunca puede realizarse, aun cuando aparezca Adhemar, dada la calidad «anómala» de su deseo.

Si Sylvia, al imitar su castración temporal, «excludes herself from the order of desire and become a phallus (desired by all)» [57], Toto, al revés, excluyéndose del orden fálico, pasa a desear el otro masculino. Finalmente, si Sylvia, al actuar como su vestimenta le impone, se margina del orden social porque «she is the only one who is not signified by her clothing: there is nothing behind 'her seeming'» [58], Toto hace lo mismo en dirección opuesta: aunque no se viste de mujer, se «viste» figuradamente como el otro sexo a través de gestos, comportamiento, retórica y preferencias derivadas de las mujeres fílmicas; él es el único en su grupo sociofamiliar cuyo cuerpo no permite la lectura acostumbrada.

El emplazamiento que oculta en ambos, Sylvia y Toto, la prohibición del deseo, resulta en una actuación forzada. En Sylvia, porque trata de exagerar la masculinidad y en Toto, porque busca reconocerse en la mímica de un estereotipo femenino, mostrado como «normal» en las películas de mujeres.

Ninguno de ellos logra superar el conflicto implícito en la pareja sujeto social-sujeto del deseo. La ley ideológica que gobierna el film viene a ser la misma que rige la realidad, y la alternativa es drástica: o uno se encarna en la impostura y se margina del orden social o se somete a la ley. Y las dos opciones llevan al sometimiento. «Sylvia moves through the narrative behind her mask and keeps it until the end» [59], cuando desplaza su deseo del padre hacia el pintor; Toto mantiene la máscara y la asume como propia,

---

[57] KANÉ, p. 40.
[58] KANÉ, p. 40.
[59] KANÉ, p. 40.

escribiendo/aceptando en su cuerpo el rechazo del mundo, originado en la estricta división entre los roles sexuales que el orden (la Ley) no deja transgredir y que tampoco permite otras opciones.

El ejemplo de Sylvia Scarlett es tanto más significativo en cuanto se trata de una heroína que, en apariencia, da muestras de rebelarse y triunfar (por un tiempo) contra los códigos. La resistencia ofrecida por su cuerpo (como en Toto) parece instaurar otra opción, pero al final se constituye en una desescritura, en una vuelta al modelo represivo. Esto evidencia la imposibilidad de vivir su rol «aberrante», el que, por otra parte, nunca ha sido contemplado en el esquema patriarcal del cine de Hollywood [60].

Toto, seducido por las imágenes más tradicionales de sus favoritas ,insiste en la lectura del deseo realizado, sin darse cuenta de la existencia de un mecanismo ideológico oculto tras las individualidades imaginarias. O tal vez no quiere darse cuenta. O tal vez se da cuenta, pero no tiene otra alternativa. En todo caso, su retorno a esta forma de narcisismo primario transparentado en el otro femenino indica una forma de relación con la realidad en que lo imaginario surge como opción: si no la mejor, la única posible.

Si la historia de las películas de mujeres es sólo en la superficie la superación de obstáculos, el muchacho puede pensar que la actriz domina el universo fílmico al ser ella misma, un ser real que, en alguna parte, abre las puertas de su esperanza. Pero no se trata en forma única de la imagen creada por el star-system. En esa falsa ilusión, Toto escribe su necesidad de liberarse. La historia contada en esas películas es, en última instancia, la historia que el mismo Toto quiere contarse para tener, por un momento al menos, la satisfacción de vivir la experiencia negada.

Como dice Kavanagh, la historia del film visto viene a ser la historia del espectador que ve; la historia del actor (como ser humano y ficticio, al mismo tiempo) es el puente

---

[60] KANÉ, p. 42.

natural que asegura la historia del espectador como espectador de un significado que garantiza —y no traiciona— la urgencia de la ilusión, el goce del deseo [61].

La persistencia de Toto por transparentarse en los mundos imaginarios a través de las protagonistas surge porque, como dice Morin, «en dernière analyse... c'est le besoin qu'on a d'elle qui crée la star. C'est la misère du besoin, c'est la vie morne et anonyme qui voudrait s'élargir aux dimensions de la vie de cinéma. La vie imaginaire d'écran est le produit de ce besoin réel. La star est la projection de ce besoin» [62].

Pero, ¿por qué la necesidad?, ¿cuál es el origen de la carencia?, ¿en qué momento se transforma el objeto del deseo? La historia trazada por las acciones de Toto constituye sólo el síntoma de otro nivel más escondido. Quizá un examen del silencio de Toto, de lo que se ha callado, nos revele los secretos que guarda la historia de la infancia, el mundo anterior a la caída. Es lo que intentamos hacer en el próximo capítulo, un análisis de las cajas de espejos.

---

[61] KAVANAGH, p. 61.
[62] MORIN, p. 91. En rigor, habría que cambiar «necesidad» por «deseo», ya que es éste el puente entre el sujeto y su objeto.

I V

LO ESPEJEANTE: ESPECULACIONES Y LECTURAS

Le double est à l'origin du dieu.

EDGAR MORIN.

But man's helplessness remains and with it his longings for his father and the gods. The gods retain their threefold task: they must exorcize the terrors of nature, they must reconcile men to the cruelty of fate... and they must compensate for the sufferings and privations which a civilized life in common has imposed on them.

SIGMUND FREUD.

Desde la ignorancia, pasada por lo imaginario y lo ilusorio, a la verdad. Tales son las etapas por las que atraviesa el personaje de un relato antes de llegar a la construcción definitiva, según Todorov. El proceso de conocimiento del personaje se repite en cierta forma en el lector ya que la construcción representada en el texto es, normalmente, isomorfa a la que toma esta escritura como punto de partida [1].

Según esos planteamientos, sería fácil aceptar que *La traición* constituye un texto cerrado, un texto no transformable en que la historia de Toto representa la historia de la verdad absoluta. Emitir tal juicio es casi irresistible ya que, en reiteradas ocasiones, el propio autor ha puesto énfasis en la calidad autobiográfica de la novela, lo que manifiesta el control ejercido sobre el significado final, sobre todo a través de Toto, doble ficcional del autor [2]. Sin embargo, y por la presencia de lo que Kristeva denomina contrarreferentes, surge un significado pluridimensional que dispersa y carga de ambigüedad la posibilidad de un significado empírico [3], como otra alternativa de lectura propuesta por la relación entre las informaciones verbales subjetivas y las referencias a las percepciones visuales y sonoras tomadas del cine.

En tal sentido, como superficie textual, la historia de *La traición* es la historia de Toto y, por otro lado, la fachada

---

[1] Todorov, «Lecture», p. 424.

[2] Además de la entrevista hecha por Sosnowsky, véase Elizabeth Pérez Luna, «Con Manuel Puig en Nueva York», en *Hombre de mundo*, 8 (1978), pp. 69-106; Ronald Christ, «Interview with Manuel Puig», en *Christopher Street* (April, 1979), pp. 25-31. También Manuel Puig, «Growing Up at the Movies: A Chronology», en *Review*, 4-5, pp. 49-51.

[3] William F. van Mert y Walter Mignolo, «Julia Kristeva: Cinematographic Semiotic Practice», en *Substance*, 9 (1974), p. 108.

que recubre o enmascara la verdadera y escondida historia del muchacho. Un discurso fantasmático que —como retrato narcisista— busca saber/saberse en el origen; como espectador de su propia infancia, Toto busca «pas tant de connaître que de reconnaître à la fin ce qui était au début» [4]. Lo que está al principio y al final, ya lo sabemos, es el rechazo del padre. Esta no-presencia, como lugar vacío, es la cifra de la novela ya que ella engendra la tensión básica del protagonista: el deseo del padre. Un deseo que admite, sin ninguna duda, una lectura psicoanalítica [5].

En el doble plano de los espacios que estructuran la novela, hemos visto de qué forma Toto, en la realidad, muy unido a la madre, termina por identificarse con ella y, por lo mismo, ganarse el rechazo del padre. Su identificación con lo femenino se hace, con posterioridad, signo homosexual. Las películas funcionan como correlato imaginario en las que el muchacho puede expresar, proyectar y gozar sus deseos reprimidos. Al mismo tiempo las lecturas de los textos fílmicos van dando cuenta de la evolución identificatoria del muchacho, cada vez más problemática. Pero ésta es una simplificación extrema; debemos hacer un análisis más detenido que nos permita precisar (o tratar de precisar) la oculta trayectoria de los deseos del muchacho.

Jacques Lacan, en su fundamental estudio «Le stade du miroir comme formateur de la fonction du 'Je'» [6], señala que un niño de seis meses puesto enfrente de un espejo reacciona como si la imagen reflejada fuera una realidad o, al me-

---

[4] VERNET, «Spectateur», en *Lectures*, p. 215.

[5] Esta no es una observación original. Además del propio autor, quien ha manifestado la intención de capturar los contenidos del inconsciente en sus novelas, hay ya varios trabajos que intentan una aproximación basada en postulados psicoanalíticos. Cf. BORINSKY, «Castración y lujos»; MAC ADAM, «Chronicles» y «Manuel Puig: Things as They Are», en *Modern Latin American Narratives: The Dreams of Reason* (Chicago: University of Chicago Press, 1977), pp. 91-101; y especialmente Roberto Echavarren, *«El beso* y las metáforas» y «La superficie de lectura en *The Buenos Aires Affair»*, en *Espiral* Revista, 3 (1977), pp. 147-174.

[6] JACQUES LACAN, «Le stade du miroir comme formateur de la fonction de 'Je'», en *Écrits*, I (París: Seuil, 1970), pp. 89-97.

nos, la imagen de otro para, más adelante, reconocer en ella su propia imagen. Esta identificación primaria, narcisista para Freud, es «imaginaria» para Lacan, puesto que el niño se reconoce en un doble, en una imagen que no es él mismo, pero que le permite identificarse [7]. Se trata de una forma de relación especular que opera también, como producto natural de la indistinción entre el Yo y el Otro, con respecto a los otros niños y, más importante aún, en la relación pri mera con la madre.

Originalmente, el niño no sólo desea ser tocado y cuidado por la madre; quiere también ser su complemento, quiere ocupar el lugar de lo que le falta a la madre, el falo. En este desear ser el deseo de la madre subyacen la indistinción, la identificación narcisista, la alienación y los rasgos de lo imaginario. Y la madre estimula este deseo [8].

Lo imaginario no es todavía lo simbólico. El paso se produce cuando interviene el padre que priva al niño de su identificación con la madre y a ésta, del falo. Si el estadio del espejo designa el engaño fundamental del Yo, la marca de un «antes» edípico, el encuentro con el Padre representa el encuentro con la Ley, con el orden simbólico: «C'est dans le nom du père qu'il nous faut reconnaître le support de la fonction symbolique qui... identifie sa personne à la figure de la loi» [9]. Este es el estadio propiamente edípico.

De entrada, es necesario que la madre acepte al padre como autor de la Ley para que el niño reconozca (se reconozca en) el nombre del Padre y se identifique con éste como detentador del falo [10]. El padre reinstaura el falo como obje-

---

[7] LACAN, pp. 90, 92.

[8] LACAN, «La signification du phallus», en *Écrits*, II (París: Seuil, 1971), p. 112. También en Freud: «... his mother, herself regards him with feelings that are derived from her own sexual life... treats him as a substitute for a complete sexual object...» Cf. SIGMUND FREUD, «Transformations of Puberty», en *Three Essays* p. 89.

[9] LACAN, «Fonction et champ de la parole et du langage», en *Écrits*, I, pp. 157-158.

[10] Usamos el término «falo» en el sentido lacaniano de metáfora paternal, como «le signifiant privilégié de cette marque où la

to deseado por la madre, como algo distinto del niño; esta fase constituye una castración simbólica necesaria para que el niño encuentra su lugar en la triada familiar e, identificando la Ley, ingrese al mundo del lenguaje, de la cultura, de la civilización, al estadio simbólico.

Aunque en *La traición* no hay testimonio de la evolución de Toto en sus primeros años —la primera vez que aparece hablando, es decir, desde el nivel simbólico, ya tiene seis años—, es posible reconstruir su pasado si consideramos la traza de su lenguaje como la huella verbalizada que conserva las distorsiones iniciales, el lenguaje manifiesto como cadena de significantes que guarda los significados inconscientes. Como dice Lacan:

> L'inconscient est ce chapitre de mon histoire qui est marqué par un blanc ou occupé par un mensonge: c'est le chapitre censuré. Mais la vérité peut être retrouvée; le plus souvent déjà elle est écrite ailleurs [11].

Recordemos que en el primer monólogo de Toto, éste, desde su mentalidad infantil, mezcla, sin hacer diferencias, la realidad y la fantasía (lo simbólico y lo imaginario). Con la mirada puesta en tres figuras de porcelana, una dama y dos caballeros que pueden considerarse como representación de la tríada edipal (por la cadena asociativa dama antigua > María Antonieta escindida entre el amor a Fersen y la fidelidad al rey > Norma Shearer), Toto suple la ausencia de la madre con la imagen de la actriz, a la que luego sucede Ginger Rogers. Hay aquí un indicio cierto de fijación en la madre o, al menos, de una estrecha relación que se confirma cuando Toto habla de las múltiples actividades que comparte con Mita, entre las cuales las idas al cine ocupan un lugar central.

También es sintomático que el monólogo tenga lugar a la hora de la siesta, que es cuando Berto tiene relaciones

---

part du logos se conjoint à l'avénement du désir». Cf. LACAN, «La signification du phallus», p. 111.

[11] LACAN, «Fonction et champ», p. 136.

sexuales con su esposa, el tiempo de la reafirmación fálica. Esto explica la asociación posterior que el niño hace entre «la planta que devora peces» y el acto sexual imaginado entre Pocha y un muchacho, fantasía que revela tanto la imagen primordial del falo como agresor [12], como la emergencia del deseo de ocupar el lugar del deseo de la madre y el resentimiento contra el padre, primer síntoma de la castración simbólica.

Es significativo que los primeros ejercicios de desdoblamiento imaginario se concreten en figuras de tanta conotación fálica como «el pajarito» y «el pececito» que ayudan —complementan el deseo— a la figura materna en el terreno imaginario. Al mismo tiempo, como prueba de una temprana ambivalencia, la imagen de la negrita ilustra el temor y la fascinación, la escisión entre la dependencia con la madre y el atractivo de la figura del padre. Dice Kristeva:

> Dans ce que le spéculaire leur propose comme noeud entre la frayeur et la séduction (la trace pulsionnelle et la dérivation signifiante, imagée, contractuelle, désirante, socialisante), ils s'y retrouvent différemment, l'homme et la femme. Mais s'ils entraient dans le jeu, ils seraient amenés, l'un et l'autre sexe, à traverser les deux zones et à tenter les deux identifications —la maternelle, la paternelle [13].

Toto, aterrado por un acto sexual que ha visto o que intuye, trata de detener la mirada en lo que se convertirá, de ahora en adelante, en una forma de fetiche: el cine. Como el contacto permanente que desea con la madre le es negado por la intervención del padre, suple la ausencia de Mita con

---

[12] Dice Freud: «If children at this early age witness sexual intercourse between adults —for which an opportunity is provided by the conviction of grown-up people that small children cannot understand anything sexual— they inevitably regard the sexual act as a sort of ill-treatment or act of subjugation: they view it, that is, in a sadistic sense. Psycho-analysis also shows us that an impression of this kind in early childhood contributes a great deal towards a predisposition to a subsequent sadistic displacement of the sexual aim...» Cf. FREUD, «Infantile Sexuality», en *Three Essays*, p. 62.

[13] JULIA KRISTEVA, «Ellipse sur la frayeur», *Communications*, 23, p. 77.

la presencia fantasmal —como focalización simbólica de un deseo inconsciente— de las figuras maternales que encuentra en las películas de mujeres. Esta crisis de identificación con la madre, que es, al mismo tiempo, crisis de lo imaginario, se resuelve normalmente en la capacidad de nombrar la causa de la ausencia materna, es decir, en la nominación del padre, que posibilita el acceso a la Ley. Pero esto no sucede en el caso de Toto.

Hemos dicho que es esencial que la madre acepte al padre como detentador del falo para que la transición del niño se efectúe sin tropiezos. En la novela, a través de la conversación con Choli, el testimonio de las otras voces y su propio monólogo, se lee que la insatisfacción de Mita expresa, consciente o inconscientemente, la negación de la función paterna de Berto. Como resultado, Toto rehúsa la ley, se niega a aceptar el mundo, los valores y el lenguaje del Padre y se instala, por así decirlo, en la persistencia de lo imaginario.

La castración simbólica necesaria para que Toto se identifique con el padre no es superada por el niño, que se fija en el estadio de la relación dual con la madre. Es lo que propone la reescritura de *El gran Ziegfeld*. Toto re-crea la historia haciendo que Luise Rainer (figura materna) no muera y conozca y se enamore del tío del Alicita (en su doble rol fantasmático, real e imaginario). Este, con la ayuda de un mandaderito (Toto), consigue que Luise se recupere y vivan los tres muy felices, por un tiempo al menos.

En la fantasía se evidencia que Toto arregla el básico triángulo edipal, de modo que él, representado por el mandaderito, pueda representar el papel fálico de intermediario para el deseo de la madre y coexistir con el padre, proveedor del falo. La ausencia de actividad sexual en la historia representa la negativa de Toto a aceptar la agresividad fálica, denegación que también puede leerse en la muerte simbólica del padrastro del mandaderito, cuya ausencia equivale al rechazo del padre. Toto crea entonces la imagen de un padre ideal a través del tío de Alicita —suma de rasgos de Tyrone Power, Robert Taylor y Fred Astaire, figuras viriles no agresivas—, una imagen que, al decir de Lacan, «est un fantasme de nevrosé. Au-delà de la Mère, Autre réel de la demande dont on voudrait qu'elle calme le désir (c'est-à-dire son désir), *se profile l'image d'un père qui fermerait les yeux sur les désirs*» [14]. Así se afirma la función anómala del padre que es, naturalmente, unir (y no oponer) un deseo a la Ley; Toto asume el lugar del padre, como «go-betw een entre el deseo materno y la satisfacción de este deseo.

La fijación en lo imaginario, la persistencia subterránea de la relación exclusiva con la madre, el deseo como efecto de carencia y búsqueda sin fin, parece a punto de superarse con la momentánea participación del padre en el imaginario fílmico a propósito de *Sangre y arena*. Hemos señalado que el motivo de la traición permea tanto el texto fílmico como la adecuación que Toto hace a su propia circunstancia: la esposa buena (la madre) engañada por el torero (el padre), engañado a su vez por su amante (la no madre) y el amigo (el sustituto). A esto se suma el tema taurino de la película, inequívocamente fálico, con su insistencia en una agresiva y dominante figura masculina.

La esperanza dura poco. Si la promesa de venir al cine siempre (y adecuarse, por lo tanto, a la tríada edípica ideal imaginada por Toto) no se cumple, a ello se suma la simpatía de Berto por la pasión (el deseo) de Tyrone Power; de este modo se identifica con el principio sexual agresivo que Hayworth representa. Una escena clave de la película, mencionada por Toto, es cuando «[Rita Hayworth] le hacía 'toro, toro' a Tyrone Power, él arrodillado como un bobo y ella de ropa transparente que se veía el corpiño, y se le acercaba para jugar al toro, pero se reía de él que al final lo deja» (TRH, 88).

De un modo bastante claro, la escena representa la inversión de los roles sexuales en el que Hayworth, como la

---

[14] LACAN, «Subversion du sujet et dialectique du désir dans l'inconscient freudien», en *Écrits,* II, p. 187. El énfasis es nuestro.

vampiresa que emascula al hombre, se apropia del rol activo y agresor. De ahí el shock de Toto frente a una imagen femenina que, bella y todo, no es buena, es decir, pasiva. Aquí parecen concurrir al mismo tiempo el descubrimiento de la «madre fálica» y el trauma de la castración impuesta por el padre, el punto en que la identificación sexual de Toto se orienta, de manera más o menos definitiva, hacia la madre «buena», desprovista de falo.

La castración, de acuerdo con Freud y Lacan, es en primer lugar la de la madre y se establece siempre en la relación sujeto-falo, de modo que la niña se considera castrada por la confrontación con la madre. Más importante aún es la etapa primordial, común a ambos sexos, en que se ve a la madre como provista de falo. El temor a la castración se produce cuando se descubre la castración materna. Entonces comienza a desarrollarse la fase fálica [15].

Carecemos de información concreta acerca de esta etapa en la primera infancia de Toto pero, por las trazas de su discurso, es posible deducir que la castración simbólica se produjo y que el niño, fijado en el fetiche fílmico, no supera ese nivel, sino al contrario, empieza a asumir la castración materna e, inconscientemente, pasa del rol de desear ser el deseo de la madre (el falo de que Mita carece) al deseo del Otro que provee el falo, el Padre.

En el rechazo aparente que Toto experimenta por Berto subyace la atracción, «el temor y la fascinación» de que habla Kristeva. Toto, al leer la ausencia que hay en el cuerpo maternal y asumirla como propia, desarrolla el efecto de carencia que, sin saber, estará reflejando, para siempre, en el imaginario fílmico. Tal es la razón última que explica su lectura de *Spellbound*. Ya hemos visto que en la compleja trama de figuras paternas y maternas (agresores y víctimas, activos y pasivos, castradores y castrados), Toto puede hacer un paralelo con el tejido de su propio conflicto. Su

---

[15] LACAN, «Signification», pp. 104-105; FREUD, «Infantile Sexuality», pp. 61 y ss.

simpatía por Gregory Peck se revela en primera instancia, como asunción del rol simbólico del Padre, pero ahora podemos definir la falacia, ya que en el texto fílmico la figura paterna que castra simbólicamente al héroe lo hace llevado por el deseo de impedir el acceso del protagonista a la Ley (no quiere ser suplantado). En la vida real de Toto, la castración que Berto ejerce sobre él, al separarlo de la madre, tiene por fin facilitar el acceso del niño al orden fálico, como su detentador. Por lo tanto, la simpatía de Toto y la identificación se orientan, en realidad, hacia la heroína (Ingrid Bergman como figura maternal) que interviene para restituir el falo al héroe y, de paso, satisfacer su deseo de él. Toto realiza su apetencia del Otro masculino por medio de la transversión de su cuerpo en el cuerpo de la madre/heroína.

En lugar de asumir el lugar simbólico que le corresponde o de nombrarse a través de la frase «Yo no soy castrado», el niño asume su Yo mediante una regresión a la matriz originaria que constituye, de acuerdo a Lacan, el origen de la sujeción o captura homosexualizante [16]. La asunción de la captura homosexual se proyecta en la única dirección posible, impuesta por la Ley: la identificación con el Otro femenino que pasa desde la heroína como madre/esposa a la de heroína como amante, connotada semánticamente como sustituto de la mujer «legítima», es decir, real. Es la imagen identificatoria que primero propone Ingrid Bergman en su rol de *Intermezzo* y luego, en un grado mucho mayor, Militza Korjus como Carla Donner en *El gran vals* el tema de la composición «La película que más me gustó», cuyo verdadero título debería haber sido algo como «La película en que más me vi».

Nuestro análisis de la reescritura de Toto ha mostrado que en el juego de espejos y desdoblamientos y en la confusión de las actuaciones sexuales se esconden los deseos reprimidos del muchacho, deseos que se transfieren y su bliman en los contenidos fílmicos. Dos escenas relatadas por

[16] LACAN, «Fonction et champ», p. 142.

Toto adquieren especial importancia para explicar el proceso de transformación:

a) La escena del lago: Al verse reflejado en el agua —imagen espejeante, narcisista—, Johann/Toto rechaza su cuerpo, negando la sexualidad que el orden simbólico le impone. En la angustia frente a su propia imagen, en la impotencia para reconocer el cuerpo que le pertenece, se produce una especie de auto-castración que revela, siguiendo a Lacan, el deseo de fijarse en un estadio anterior a la etapa del espejo, una regresión al estado del cuerpo desmembrado [17].

Este «corps morcelé» imaginario, síntoma de un nivel de desintegración agresiva en Toto/Johann, puede verse como castración auto-impuesta porque el deseo de «reconstruirse» como el Otro (como el bello estudiante para Johann, como Adhemar para Toto) implica el deseo del Otro, el deseo del Falo, como anatomía fantasmática que manifiesta la raíz neurótica de los deseos ocultos.

b) La escena del cuarto en la posada: La fusión erótica de Carla y Johann, solamente sugerida en el film, es reconstruida por Toto como ausencia absoluta de lo sexual. En la distorsión de los contenidos. Todo escribe su temor al deseo; al desexualizar el encuentro amoroso, el muchacho pone una pantalla (una cubierta) sobre la realidad sexual, sobre «la caída en el cuerpo», como dice Piglia. Escribe también la orientación «femenina» de su sensibilidad porque, como dice Freud:

Girls with an exaggerated need for affection and an equally exaggerated horror of the real demands made by real life have an irresistible temptation... to realize the ideal of asexual love in their lives and on the other hand to conceal their libido behind an affection which they can express without self-reproaches... [18].

A continuación, la proyección de sus propios sentimien-

---

[17] LACAN, «Le stade», pp. 93-94.
[18] FREUD, «Transformations», p. 93.

tos en los sentimientos de Carla —síntoma de su enajenación en un cuerpo usurpado—, le permite liberar sus represiones, hallar una forma alienada de «jouissance» (goce). En el desplazamiento que constituye, según Freud, el medio más apropiado del inconsciente para burlar la censura, Toto puede expresar, sin peligro, la frustración [19]. Una frustración que es, dice Lacan, no tanto la de un deseo del sujeto, como de un objeto donde su deseo está alienado y que, mientras más se elabora, más hace aumentar en el individuo la alienación de su *jouissance* [20].

La autoagresividad que resulta de la frustración es descrita por Lacan como similar a la agresividad del esclavo que responde a la frustración de su trabajo con un deseo de morir [21]. Esto, que se lee en la agresión de Johann/Toto contra su propio cuerpo, también puede verse funcionando como subtexto en el desenlace de la película/composición. La muerte simbólica (por ausencia) de Carla que abandona a Johann para que éste regrese a su esposa (al orden sexual) refleja la muerte paralela de Toto respecto al sexo, la renuncia como negación del cuerpo y del goce.

El final ambiguo, sin embargo, vuelve a validar la ilusión, la insistencia de lo imaginario. Esto es quizá lo más revelador e importante de la evolución de Toto como espectador, que pasa desde mirar y esperar a creador de sus propias ilusiones, a autor de sus propios fantasmas. El mensaje romántico del cine de Hollywood es asumido por el muchacho como la capacidad de manejar el lenguaje (orden simbólico) para recrear fantasías (orden imaginario) que le permiten salvar la ilusión.

La ambivalencia con que recrea los roles protagónicos se puede entender ahora como una fijación que lo liga a la imagen de un padre muerto (Berto/Hagenbruhl) y una ma-

---

[19] LACAN, «L'instance de la lettre dans l'inconscient», en *Écrits,* I, p. 269.

[20] LACAN, «Fonction», p. 126.

[21] LACAN, «Fonction», p. 126. Es el mismo sentimiento que embarga a Molina en BMA. Véase Echavarren, «*El beso* y las metáforas», p. 72.

dre muerta (Mita/Poldi) y la sustitución por un padre idea-
lizado (Adhemar/estudiante) y una madre idealizada (Toto/
Carla). Dobles de dobles, imágenes de imágenes, ellas refle-
jan la equivalencia característica de lo obsesional, «l'une de
l'agressivité fantasmatique qui la perpétue, l'autre du culte
mortifiant qui la transforme en idole» [22].

Toto, como espectador que finalmente se inscribe en la
representación fantasmática del cine, se hace parte de la
ficción, ingresa al terreno de lo imaginario y puede hacer
de la heroína el lugar de encuentro de sus orientaciones. En
el cine encuentra «l'image rêvée, affaiblie, rapétisée, agran-
die, rapprochée, déformée, obsédante, du monde secret où
nous retirons dans la veille comme dans le sommeil, de cette
vie plus grande que la vie où dorment les crimes et les héroïs-
mes que nous n'accomplissons jamais, où se noient nos dé-
ceptions et où germent nos désirs les plus fous» [23]. Por un
doble proceso de proyección/identificación, la extrema subjetividad de la lectura pasa a realizarse en la magia —extrema también— de las imágenes fílmicas. La visión se concreta en otra forma de alucinación.

Si para Lacan lo Imaginario constituye al sujeto a través
de un efecto especular, a través de un Otro que es un doble,
la naturaleza desdoblada de la imagen cinematográfica
—como espejo y reflejo— intensifica y pone en movimiento
los rasgos iniciales de lo Imaginario, el espejo primordial.
Christian Metz señala la frecuencia con que se define al cine
como una «técnica de lo imaginario», descripción basada en
dos sentidos ordinarios del término: por una parte,
la noción de que la mayoría de los filmes narrativos
son ficticios y, por otra, que el cine se basa sobre el imaginario inicial de la fotografía y la fonografía. Pero, dice Metz,

---

[22] LACAN, «Fonction», pp. 184-185.
[23] Citado por EDGAR MORIN, *Le cinéma ou l'homme imaginaire*
(París: Les Editions de Minuit, 1956), p. 85.
    Es lo que Francine Masiello describe como «emblemático», es
decir, la forma en que el film condensa y prefigura la existencia
del protagonista en BMA. Véase MASIELLO, «Jail House Flicks»,
p. 18.

a estas acepciones comunes se hace necesario agregar el sentido lacaniano del término, lo Imaginario como opuesto a lo Simbólico, que reactiva en el espectador la impronta edípica, «la marque durable du miroir qui aliène l'homme à son propre reflet et en fait le double de son double...» [24].

En la experiencia de Toto, la etapa reactivada del espejo a través del imaginario fílmico puede explicarse en un doble nivel: primero, por la experiencia primordial en el borde de lo imaginario, es decir, identificación con un fantasma, con la imagen esencial. De acuerdo con Lacan, esta experiencia básica tiene un componente simbólico por la presencia de la madre que enfrenta al niño con el espejo y cuya imagen reflejada, como gran Otro, aparece forzosamente en el campo especular, junto a la imagen del niño [25]. Pero en el caso de Todo, la presencia de lo simbólico (de lo real) se hace sentir menos porque la indistinción básica entre el Yo y el Otro (la dualidad madre/niño) es más bien reforzada por Mita quien, de un modo figurado, es la que sostiene a Toto delante de ese otro gran espejo que es la pantalla de cine. La tensión básica de la madre inscrita en el campo de lo especular, el rol expectante y espectante de Mita buscando reafirmar en el imaginario fílmico los códigos de la ilusión que faltan en la práctica cotidiana, se transmiten de esa forma a Todo, en el cual la identificación se marca, para siempre, como indistinta de la proyección fantasmática (el deseo inconsciente, la ausencia básica que es la imagen fílmica).

Las lecturas de Toto, desde *Romeo y Julieta* hasta *El gran vals*, dan cuenta de una evolución perceptiva que es paralela a la percepción del mundo «real» de la novela. En cierta forma, esta evolución corresponde, a grandes rasgos, con los estadios de la formación del Yo en la primera infancia. Puesto que el cine reproduce en cierta forma la situación necesaria para la puesta en marcha del estadio del espe-

---

[24] CHRISTIAN METZ, «Le signifiant imaginaire», en *Communications*, 23, p. 3. También DANIEL DAYAN, «The Tutor-Code of Classical Cinema», en *Film Quarterly*, 28 (Fall, 1974), pp. 23-25 *passim*.

[25] METZ, «Le signifiant», p. 5.

jo —y es, por eso, una impresión de realidad—, la percepción
de Toto se queda, inicialmente, en el espectáculo, en la superficie que se ve como otra cosa, otra realidad como pura
visión de lo ajeno. Su fascinación por las trazas físicas del
universo fílmico (decoración, vestuario, rostros, gestualidad)
parece confirmar esta observación.

El segundo paso se produce cuando la visión de la otre-
dad se fija en el personaje femenino que arma el mundo fílmico. Las técnicas de ilusión manejadas por el star-system
que hemos revisado, en particular el efecto de la actriz como
voz media que reafirma las ilusiones del espectador, deter-
minan que, en un proceso gradual, Toto acabe por proyectarse e identificarse con la heroína, que se convierte en su
alter ego travestido. Es la fase del espejo, cuando Toto se
reconoce en la alteridad.

En la confusa dirección de sus afectos (Norma Shearer
y Tyrone Power, Ginger Rogers y Fred Astaire) se revela
la dialéctica identificatoria del espectador con la estrella
pues, como dice Morin, «... le même culte embrasse les
amours adorantes de caractère hétèrosexuel et les adora-
tions amoureuses de caractère homosexuel» [26]. La práctica imaginaria del cine funciona mediante un mecanismo de
indiferenciación que es similar a la relación del niño con el
mundo en la fase especular. Yo/otro, Yo/otros, Yo/ma-
dre, etc., en la relación Toto/imágenes fílmicas se hace
Yo/Shirley, Yo/Tyrone,Yo/Ingrid, para decidirse, finalmente, por Yo/Carla.

El placer del muchacho, un placer de credibilidad y de
necesidad, se instaura desde una aprehensión visual y sonora de los contenidos fílmicos. El ejercicio del cine es practicado por Toto/espectador como deseo de ver —forma de
voyerismo— y el deseo de oír, la pulsión invocante considerada por Lacan como una de las cuatro pulsiones sexuales [27].
Metz señala que ambas pulsiones, puestas en marcha por el

---

[26] MORIN, *Les stars*, p. 90.
[27] LACAN, *Quatre concepts fondamentaux de la Psychanalyse*
(París: Seuil, 1973), pp. 164-178.

imaginario fílmico, descansan en una ausencia básica que las instala, desde un comienzo, en el puro ámbito de lo Imaginario. Por eso la pulsión sexual de Toto, en conflicto con el orden simbólico del Padre, puede satisfacerse en el cine, fuera de su objeto o en el objeto travestido. Las películas de mujeres le permiten una forma de sublimación masturbatoria por medio de la cual Toto puede salirse, expresar su goce sin exponer su cuerpo a un peligro inmediato de censura o frustración [28]. Más aún, las percepciones escopofílicas (visuales) y sonoras le provocan el orgasmo del objeto encontrado en la ilusión del instante, en la proyección fantasmática que suprime las distancias entre sujeto y objeto. En esa forma se explican las escenas de fusión imaginarias, primero con el tío de Alicita y luego con Adhemar (por medio de Carla), en las que logra fundirse «en transparencia» y gozar del Otro prohibido [29].

El film, para Toto como espectador, reproduce ese «otro lugar» en donde el niño ve gozar sexualmente a sus padres, que lo excluyen y lo dejan solo. Toto se convierte en espectador puro, cuya participación es inconcebible; por eso la hora de la siesta en la novela, que es la hora de la posesión, se convierte en un significante de tipo edipal que necesita ser cubierto por el significante fílmico [30]. La recurrencia a las películas en esos momentos sirve para llenar el vacío provocado por la ausencia de la madre primero, por el espacio dejado por el padre al final. El deseo de participar —forma de exhibicionismo— se resuelve en el voyerismo fantasmático y la identificación especular de la práctica cinematográfica pasa a convertirse en una forma de fetiche o sustituto. Dice Freud acerca del fetichismo:

> There are some cases which are quite specially remarkable —those in which the normal sexual object is replaced by another which bears some relation to it, but is entirely unsuitable to serve the normal sexual aim... What is substituted for the sexual object is in general some part of the body... or some inanimate object

[28] METZ, «Le signifiant», p. 41.
[29] FREUD, «Sexual Aberrations», en *Three Essays,* pp. 22-23.
[30] METZ, «Le signifiant», p. 45.

which bears an assignable relation to the person whom it replaces and preferably to that person's sexuality... Such subtitutes are with some justice likened to the fetishes in which savages believe their gods are embodied.

En otra parte señala la estrecha relación entre fetichismo y castración, diciendo que «the substitutes for this penis which they [the boys] feel is missing in woman play a great part in determining the form taken by many perversions» [31]. En el caso de Toto, el proceso se complica por la doble cara de la ansiedad: a la castración simbólica impuesta por el padre se suma la que el niño, al rechazar el orden, asume imaginariamente, desplazándose al espacio de la madre y transformando su deseo en el deseo del Falo. En la dirección «femenina» de sus impulsos, es decir, en la necesidad de ser amado en lugar de amar [32], se descubren las formas de elección del objeto amado: la narcisística (lo que le gustaría ser, verse en el cuerpo de Carla para verse en el cuerpo de Adhemar) y la anaclítica o de adherencia, primero por Mita que lo alimenta y luego por un padre que lo proteja [33].

El Yo ideal del muchacho, reprimido por su propia conciencia, por la influencia crítica de los padres, por Berto en especial, y por todo lo que lo rodea (Coronel Vallejos, Héctor, Cobito, etc.), encuentra en el imaginario fílmico el accesorio fetichista que le permite el goce ilusorio del deseo real porque, como dice Metz, el fetiche representa siempre el pene, es siempre su substituto, sea como máscara de la ausencia, sea como contigüidad de un lugar vacío:

... le fétiche en somme signifie le pénis en tant qu'absent, il en est le signifiant négatif, le supléant, il met un «plein» à la place d'un manque, *mais par là il affirme aussi le manque*. Il résume en lui la structure du désaveu et les croyances multiples [34].

---

[31] FREUD, «Sexual Aberrations», p. 19; «Infantile Sexuality», p. 61, ambos en *Three Essays*.

[32] FREUD, «On Narcissism: An Introduction», en *The Standard Edition of the Complete Psychological Works of Sigmund Freud*, trad. y ed. de James Strachey (London: The Hogarth Press, 1957), Vol. XIV, pp. 88-89.

[33] FREUD, «On Narcissism», p. 90.

[34] METZ, «Le signifiant», p. 49. El énfasis es nuestro.

Otra ausencia. El sentido reunificador que Toto encuentra en las películas de mujeres, mediante su identificación con la heroína, resulta la imagen de una ausencia espejeante y múltiple. Al llenar el vacío con la imagen de la actriz, Toto no se da cuenta que este desdoblamiento se encuentra precedido por uno inicial que establece el significante fílmico. Cuando nos referíamos al papel de la actriz como voz media que estimula el mecanismo de ilusión y de creencia, indicábamos que el efecto se debía en gran medida a la confusión creada por el star-system al tipificar a la estrella, haciendo que su persona real coincidiera o pareciera coincidir con su persona fílmica, una doble o triple naturaleza que de partida era falsa, un juego de máscaras y apariencias. Como para probar la vigencia del fenómeno, Faye Dunaway, luego de terminar una controvertida película sobre la Joan Crawford «real» y que rompe su imagen fílmica de madre sublime ha declarado:

You see, all the great women stars of the 30's were playing a triple kind of thing. Davis was playing Davis playing a role. The same was true of Garbo and Dietrich. They created their own personas, then they had to live up to them during their moments on film [35].

Y todavía es así, en cierta forma. Lo imaginario del cine, como el espejo primordial de Lacan, combina en él una cierta presencia y una cierta ausencia, que funcionan de un modo dialéctico. Como señala Metz, la percepción que aparenta ser real es irrealidad pura, un juego de luces y sombras sobre una superficie [36]. Las máscaras ocultan sólo el vacío. Peor todavía, si Toto se «convierte» en Carla o Ingrid, lo hace provisto con el esquema de inteligibilidad que el orden simbólico le proporciona; el cine, como todo lo imaginario, presupone lo simbólico que Toto conoce desde la experiencia original del espejo. El espejo del cine, productor de

[35] ARTHUR BELL, «Faye Loves Joan» (Entrevista) en *The Village Voice* (September, 16-22, 1981), núm. 38, p. 46.
[36] METZ, «Le signifiant», p. 32.

lo imaginario, es el final un aparato simbólico que descansa en el reflejo y la falta que pretende suplir. Y el fetiche, como espacio fílmico significado y propuesto por la actriz, es también un artefacto producido por la maquinaria simbólica; la voz media es el canto de sirena que oculta el vacío y que vuelve a atrapar en el orden.

Esa es la gran traición que Toto parece no advertir. La imagen fílmica de la mujer y el goce del objeto amado es, por así decirlo, imaginariamente imaginaria. La realización sexual/amorosa sólo se cumple de acuerdo a las normas de lo simbólico, de la sociedad patriarcal y falocéntrica. Toto no se da cuenta que el reflejarse y adoptar los modelos de Norma Shearer, Ingrid Bergman, etc., está afirmando precisamente lo que quiere negar; copiando la imagen irreal, sólo conseguirá repetir la historia frustrada de la madre, a la que viene a reemplazar como cuerpo en opresión. La orientación de sus tendencias homosexualizantes resulta, a falta de otro modelo, en la repetición de la ausencia transferida desde el deseo de la madre. En la seducción original de Mita —la entrada al imaginario fílmico de Toto— se concreta el deseo del Otro como magia y misterio que vive sólo en/de la ilusión. Pero la madre que inicia al muchacho en esta forma vicaria y alienada de placer tampoco tiene conciencia del espejismo, de la trampa de un fantasma originario que, configurado por el orden, no permite elegir, sólo impone.

Metz dice que, a fin de cuentas, el espejo del cine es un espejo sin reflejo, «sans tain», que, otra vez, funciona en dos direcciones. El actor no existe, sólo un reflejo en la pantalla, y esta imagen existe en el universo fílmico porque el espectador no está allí; al mismo tiempo, el espectador presente en la sala de cine se transparenta en el actor (la actriz) y lo (la) anula a través de la proyección identificatoria, de tal manera que la práctica fílmica del espectador (de Toto) se convierte en un «rendez-vous manqué du voyeuriste et de l'exhibitionniste, dont les démarches ne se rejoignent plus» [37].

El hecho de que Toto se identifique más con la actriz que con el personaje interpretado por ella puede verse como suspensión de la incredulidad tanto como voluntad de una conciencia que sabe que la heroína como estrella está haciendo el mejor de sus roles, el de ser ficticio. Es la persistencia de la ilusión que Marc Vernet describe así: «Tout se passe en effet comme si l'espectateur disait: 'Je sais bien que tout ça c'est du cinéma, mais tout de même, c'est bien vrai'» [38]. Esta contradicción de términos, contradicción fetichista en la que Toto se encuentra escindido entre lo que sabe que es y lo que quiere que sea parece resolverse como derrota simbólica al final de *El gran vals,* que es la vuelta al orden de los códigos socio-culturales [39].

Las luces vuelven a la sala oscura. El deseo de conocer puesto en práctica a través de lo imaginario se resuelve en confirmación de lo que Toto ya sabía. Pero tal vez no importa. En la contradicción de términos reside quizá la salvación vicaria, pero salvación al fin. Condenado al mundo de lo simbólico y de las estructuras que lo oprimen, puede desde ahí utilizar el instrumento simbólico por excelencia, la palabra, para rescatar, recrear y gozar las imágenes de ese mundo inasible en donde la culpa se redime.

En la práctica de esta posibilidad, Toto efectúa una «sutura» en la medida en que la pura visión del film se convierte, al final, en una lectura cabal de él porque el muchacho empieza a captar los mecanismos del artefacto fílmico (ángulos de cámara, encuadres, efectos de sonido, etc.) [40]. Cuando empieza a percibir más allá de la superficie del texto, empieza en realidad su operación de lectura que lo hace, paradójicamente, capaz de manejar los contenidos imaginarios. Como dice Jean-Louis Baudry:

---

[37] METZ, «Le signifiant», p. 45.
[38] MARC VERNET, «Spectateur», en *Lectures,* p. 214.
[39] VERNET, «Spectateur», p. 215.
[40] DAYAN, «The Tutor-Code», p. 29.

Just as the mirror assembles the fragmented body in a sort of imaginary integration of the self, the transcendental self unites the discontinuous fragments of phenomena, of lived experience, into unifying meaning... Between the imaginary gathering of the fragmented body into a unity and the transcendentality of the self, giver of unifying meaning, *the current is indefinitely reversible* [41].

Para Baudry, el predominio de la ideología (de lo simbólico) que regula la representación fílmica, trabajando sobre la cualidad especular de la imagen, hace que el espectador vea lo que se quiere que éste vea. El cine aparece entonces como aparato psíquico de represión que corresponde al modelo definido por la ideología dominante y que funciona como represión para prevenir desviaciones a las normas [42]. Y creemos que esto ha quedado muy claro. Pero nos parece que, de un modo paralelo, la carga inconsciente puesta en marcha por los contenidos diegéticos y por el rol de la actriz como voz media posibilitan a la vez que el espectador vea no sólo lo que se quiere que vea, sino también lo que el propio espectador quiere ver. La dualidad es un derivado del problema básico entre aparato y representación: si puede decirse que la aparente subjetividad del cine está modulada por una objetividad fundamental, lo mismo puede postularse al revés: que la objetividad de la imagen cinematográfica está preñada de subjetividad.

De ahí la paradoja. El sistema de represión o de conservación del orden simbólico que, en último análisis, caracteriza a las películas de mujeres es el que permite ficcionalizarse a Toto, hacerse capaz de ficción. Porque llega al punto en que ve a la ficción como tal, puede crear su propia ilusión, manejar el fantasma consciente de su ensueño. Puede articular sus fantasías pues, como dice Metz, «avant d'être un art, la fiction est un fait» [43].

Para Toto, el fantasma puede concretarse en el lenguaje,

[41] JEAN-LOUIS BAUDRY, «Ideological Effects of the Basic Cinematographic Apparatus», en *Film Quarterly*, 28, 2 (Winter, 1974), p. 46.
[42] BAUDRY, p. 46.
[43] METZ, «Le film de fiction et son spectateur», en *Communications*, 23, p. 120.

en la capacidad de nombrar la ausencia a través de la película que más le gustó. Como texto que ficcionaliza los contenidos objetivos (pero ficticios) del film, la composición viene a ser su verdad particular, fundada en la palabra reveladora. Y, después de todo, eso es toda la novela. La reconstrucción de la infancia de Toto, la búsqueda fantasmática del mismo Puig, inscriben la cadena significante que nos revela a nosotros, como lectores/espectadores, los significados inconscientes de la trayectoria de esta búsqueda en el texto narrativo. La palabra vacía y la carencia inicial (en la realidad ficticia del personaje, en la realidad del autor) se transmutan a través de la composición y de la novela en palabra capaz de nominar y, por ahí, exorcizar los fantasmas originarios.

La novela reflejada en las películas de mujeres, el cine reflejado en la novela, el protagonista como espectador, el espectador como protagonista, el protagonista/autor, el espectador/lector/actor..., etc. La complejidad de este juego de espejos sobre espejos hace de la novela un locus intertextual que como cruce de grafías y de lecturas, de espectación y actuación, repite el doble movimiento de la cámara (siempre el Doble); en ella coexisten la visión proyectiva —la superficie proyectada por los textos— y la visión introspectiva que funciona en la conciencia como superficie sensible de registro [44]. La calidad pantallesca de la novela como superficie textual se implanta desde el primer momento en que la familia de Mita ve y reacciona frente al matrimonio de ésta en ese «otro lugar», Coronel Vallejos visto desde La Plata. Los diferentes personajes que registran su percepción de la vida de Toto, el mismo Toto y sus prácticas fílmicas, todo contribuye al efecto final en que la novela se proyecta para nosotros, los lectores/espectadores que, pasando a proyectarnos, nos transformamos en personajes y hacemos una lectura de la visión. Y nuestra lectura está determinada también por los contenidos de nuestra conciencia

---

[44] METZ, «Le signifiant», p. 36.

y por la persistente huella de nuestra subjetividad, de nuestros deseos inconscientes.

En la pantalla de la novela o, como dice Roberto Echavarren, en el texto como representación pantalla [45], quedan registrados los deseos fantasmáticos de heroínas, personaje, autor y lector. Pero no termina allí el terreno movedizo y ambivalente. A partir de la calidad pantallesca del texto, determinada básicamente por el origen especular de la práctica de Toto, la novela resulta ser la grafía contradictoria de lo que Freud denominara «recuerdo-pantalla»: una representación —el espacio visual, la superficie de la escritura, la superficie actancial de Toto— que, como recuerdo, toma el lugar de lo que está disimulado o reprimido (cobertura) [46].

Llenar el vacío de la ausencia y el rechazo del padre a través de la proyección —en el texto fílmico recreado por Toto, en el texto narrativo creado por el autor— como suma de recuerdos y fantasmas mediante el gozne especular que es, para Guy Rosolato, «où les projections narcissiques commencent à se distinguer des similitudes et des différences perçues dans la relation à l'autre» [47]. Para éste, la pantalla como visión o como recuerdo (la novela-pantalla, en el caso de *La traición*) es, al fin y al cabo, una forma dotada de opacidad, como el «glace sans tain» de Metz, que indica la ausencia, el significante que conduce a un significado desconocido [48].

La experiencia se repite en nosotros, los que vemos y leemos, porque la preponderancia de lo mimético sobre lo diegético, y la alternancia entre signo icónico y signo lingüístico arbitrario, producen una y otra vez significados nuevos

---

[45] La textualidad ecránica en la obra de Puig ha sido estudiada con acierto en ECHAVARREN, «La superficie de lectura», pp. 151-152 y aludida en «*El beso* y las metáforas», pp. 66-71, *passim*.

[46] FREUD, «Archaic and Infantile Features in Dreams», en *A General Introduction to Psychology,* trad. de Joan Riviere (New York: Pocket Books, 1971), pp. 210-211. Roberto Echavarren señala el mismo efecto en Leo Druscovich. Cf. «La superficie de lectura», p. 151.

[47] GUY ROSOLATO, «Souvenir-écram», en *Communications*, 23, p. 80.

[48] ROSOLATO, p. 80.

generados por el constante juego de los planos narrativos y fílmicos, como en el cine con el juego entre banda-sonido y banda-imagen. El lenguaje se descentra y la palabra escrita acumula en ella tanto el concepto como la representación visual que la satura. Que la lectura de Toto no coincida con nuestra lectura de las películas y de la novela revela que, como espectadores, estamos aportando un código enunciativo personal y subjetivo [49], de tal modo que la novela como «recuerdo-pantalla» del autor se convierte en «recuerdo-pantalla» del lector.

Tal vez aquí radique la diferencia de opiniones (visiones) respecto del contenido y del desenlace. La lectura inconsciente que el texto desencadena justifica la decepción de David Southard, la interpretación cauta de Armando Maldonado, las especulaciones de Borinsky, etc. Fuera de la verdad del texto como texto, no hay una verdad semántica última, hay tantas verdades como haya lectores/espectadores. Es la relatividad que postula, sutilmente, la carta final. Al exigirnos una nueva lectura, un trabajo de restructuración de los códigos textuales, nos inscribe, de manera definitiva, en el campo de la ficción.

Hemos llegado al final de nuestra lectura, al final de la novela, de la ilusión creada por la palabra ficcional. Como a Toto, sólo nos queda la capacidad de recrear el imaginario a través de las herramientas de lo simbólico, nuestra única posibilidad. Porque sabemos, como sabe nuestro personaje, que la literatura es otra forma de ilusión y que persiste. Quizá Toto hubiera justificado la persistencia y la necesidad de la ilusión con dos citas (de películas, ¿de qué otra cosa si no?), que dicen de esta forma de esperanza en un mundo dominado por imposiciones:

Bette Davis, renunciando para siempre el amor de su hombre (que está casado), le dice: «Why ask for the moon when we have the stars...?» O Humphrey Bogart, luego de renunciar al amor de Ingrid Bergman, con quien había te-

---

[49] MICHEL MARIE, «Muet», en *Lectures,* p. 170.

nido una apasionada relación en París (y que también está casada), la mira a los ojos y le dice: «We'll always have Paris...» [50].

Regresión a una forma de narcisismo primario para Lacan, necesidad de Dios y del Padre para Freud, búsqueda de valores en una sociedad degradada para Luckacs, necesidad de esperanza para el hombre común. La ilusión, la ficción (fílmica o narrativa) surge como defensa contra lo Real que, como dice Barthes, no conoce más que distancias; contra lo simbólico que no conoce más que máscaras; «seule l'image (l'Imaginaire) est proche, seule l'image est 'vraie', peut produire le retentissement de la vérité» [51]. El estereotipo que funda las películas de mujeres es la imagen fija que para Toto, para Puig y para nosotros se hace «lugar común», no tanto como cliché, sino como lugar de encuentro de las relaciones primarias, narcisistas y maternales [52].

Y, después de todo, la operación de lectura (operación visual) no es otra cosa que una forma de la pulsión de ver, la pulsión escopofílica de un deseo de ver y de vernos, olvidados de la circunstancia, reducidos a la inmovilidad y focalizados en un lugar imaginario. Y leemos una lectura y nos leemos leyendo. Ese voyerista que somos delante del texto escrito reproduce el voyerismo del personaje delante del texto fílmico y, por eso mismo, nuestra operación de lectura de convierte también en una forma de exhibicionismo. En los términos frustrados de personaje y lector se encuentra, tal vez, la significación abierta y final de la obra porque, como dice Metz, «el inconsciente no piensa, no discurre, se figura en imágenes» [53].

---

[50] IRVING RAPPER, director, *Now, Voyager,* con Bette Davis y Paul Henreid, Warner Bros., 1942.

MICHAEL, CURTIZ, director, *Casablanca,* con Ingrid Bergman y Humphrey Bogart, Warner Bros., 1943.

[51] Roland Barthes, «En sortant du cinéma», en *Communications,* 23, p. 106.

[52] BARTHES, p. 106.

[53] METZ, «Le film de fiction», en *Communications,* p. 124.

CONCLUSION

Children yet, the tale to hear,
Eager eye and willing ear,
Lovingly shall nestle near.

In a Wonderland they lie,
Dreaming as the days go by,
Dreaming as the summers die:

Ever drifting down the stream-
Lingering in the golden gleam-
Life, what is it but a dream?

LEWIS CARROLL.

Meanwhile the sharp and the dull watch
movies; discuss movies; dream movies.

GORE VIDAL.

Creemos haber probado que *La traición de Rita Hayworth* se textura a través de lo cinemático. Hemos visto el modo en que, en los niveles de la historia y el discurso, la materia del cine adquiere relevancia como referente que, tradido de otro espacio, se inserta en el universo narrativo y desde allí determina al personaje, a su historia y al trazado de su búsqueda.

Lo fílmico como textualidad es modificado por el discurso narrativo, de la misma forma que el texto literario se transforma a través del discurso cinematográfico. Pero esa es la superficie textual. Más allá de nuestra mirada —como antes, más allá de la mirada de Toto—, y por el juego de refracciones, reflejos y distorsiones que la novela desencadena, surge la calidad especular del texto. Especular porque, pareciendo dibujar una presencia, al final se revela como pantalla de una ausencia.

En la trayectoria del cuerpo de Toto —que es el cuerpo de la novela, con la carta como espacio que llena la carencia fálica— quedan configuradas las fijaciones y los conflictos de un personaje que en la fascinación por el fetiche imaginario del cine descubre los contenidos de su inconsciente, la marcación transgresora del deseo y la eterna tensión entre lo Simbólico y lo Imaginario. Esta es la verdad última de la novela: la traza textual de una búsqueda y de la trayectoria de un deseo, surgida del cruce de dos prácticas imaginarias, la fílmica y la narrativa.

La noción realista de la novela como espejo a la orilla del camino se transfigura en la novela de Puig como juego alucinado y alucinante en que lo especular, reactivando la experiencia primordial del espejo, grafica la eterna búsqueda del Yo y del Otro, la marca persistente de la carencias, del deseo y la culpa.

Alucinación, alienación, traición y máscaras. Espejismos que suplen la falta. Y el efecto fílmico especular, tan evidente en Puig, también está en Cabrera Infante, en García Márquez, en Fuentes. Fuentes ha dicho que *La muerte de Artemio Cruz* es su versión de *Citizen Kane*. (*Village Voice*, June 2, 1980, p. 23.) Y podría verse *El otoño del patriarca* como resultante de la novela de la dictadura y de una absorción del tema y el estilo de la película de Welles. Y lo especular no empieza ni se acaba en el cine. Como experiencia primordial que se refleja en todos nuestros actos, la imagen del espejo permea, de una y otra forma, toda nuestra narrativa contemporánea.

No hace mucho, y bajo el significativo título de «In the Latino-Americano Mirror» (*The New York Review of Books*, 28, 16, October 22, 1981, pp. 54-58), Michael Wood reseñaba cuatro novelas recientemente traducidas al inglés (*La guaracha del macho Camacho* de Luis Rafael Sánchez, *El emperador del Amazonas* de Marcio Souza, *Agua quemada* de Carlos Fuentes y *Sobre héroes y tumbas* de Ernesto Sábato). Decía Wood que la literatura latinoamericana se le ofrece casi siempre como búsqueda de valores, de una realidad y una autoridad que nunca están en la realidad y que deben siempre buscarse en otra parte. Así, la obra de ficción se ofrece como antídoto contra las alienaciones que pueblan el universo de Sábato, contra las traiciones de la circunstancia real en la obra de Fuentes, contra las máscaras de la muerte en Rulfo.

La ficción (como práctica de la fantasía, del Imaginario) es una forma de verdad, la verdad de una necesidad de atemperar o eludir lo intolerable. Pero, dice Wood, también en esta escritura surge «the other, brooding, perspective, the remainder of the harshness of the world that persists behind the parades of images in the mirror» (58). Tal vez en la confrontación de los dos órdenes encontremos nuestro equilibrio.

Un estudio de la(s) imagen(es) especular(es) en la narrativa hispanoamericana contemporánea parece ser de una pertinencia indudable. Digamos, para terminar a tono con nuestro tema y pensando en futuras posibilidades de exploración, como dice Humphrey Bogart al final de *Casablanca:* «This could be the beginning of a beautiful friendship.»

BIBLIOGRAFÍA

AGUIAR E SILVA, VÍCTOR MANUEL DE. *Teoría de la literatura*. Trad. de Valentín García Yebra. Madrid: Gredos, 1975.

ALTER, ROBERT. «Mimesis and the Motive for Fiction». *TriQuarterly*, 42 (Spring, 1978), pp. 228-249.

ARNHEIM, RUDOLPH. «A Plea for Visual Thinking». *The Language of Images*. Ed. de W. J. T. Mitchell. Chicago: University of Chicago Press, 1980, pp. 171-179.

BALÁZS, BELA. «The Close-Up». *Film Theory and Criticism*. Ed. por Gerald Mast y Marshall Cohen. New York-London: Oxford University Press, 1974, pp. 185-194.

BARTHES, ROLAND, A. J. GREIMAS et al. *L'analyse structurale du récit. Communications*, 8. París: Seuil, 1966.

— *Image, Music, Text*. Trad. de Stephen Heath. New York: Hill and Wang, 1977.

BAUDRY, JEAN-LOUIS. «Ideological Effects of the Basic Cinematographic Apparatus». *Film Quarterly*, 28, 2 (Winter, 1974), pp. 39-47.

BAUDRY, LEO. *The World in a Frame: What We See in Films*. Garden City, N. J.: Anchor Books, 1977.

BELAFONTE, DENNIS y ALVIN H. MARRILL. *The Films of Tyrone Power*. Seacaucus, N. J.: The Citadel Press, 1979.

BELL, ARTHUR. «Faye Loves Joan». Entrevista en *The Village Voice*, 38 (September, 16-22, 1981), p. 46.

BETTELHEIM, BRUNO. *The Uses of Enchantment: The Meaning and Importance of Fairy Tales*. New York: Vintage Books, 1977.

BETTETINI, GIANFRANCO. *The Language and Technique of the Film*. Trad. de David Osmond Smith. The Hague-París: Mouton, 1973.

BORINSKY, ALICIA. «Castración y lujos: La escritura de Manuel Puig». *Revista Iberoamericana*, 90 (Enero-Marzo, 1975), pp. 29-45.

— *Ver/Ser visto: Notas para la Poética*. Barcelona: Bosch, 1978.

BOURGET, JEAN-LOUP. «Social Implications in the Hollywood Genre». *Journal of Modern Literatures*, 3, 2 (April, 1973), pp. 191-200.

BOWIE, MALCOLM. «Jacques Lacan». En *Structuralism and Since: From Lévi-Strauss to Derrida*. Ed. de John Surrock. Oxford: Oxford University Press, 1979, pp. 116-153.

CABRERA INFANTE, GILLERMO. *Arcadia todas las noches*. Barcelona: Seix-Barral, 1978.

CARROLL, LEWIS. *Through the Looking Glass*. En *The Annotated Alice*. Introd. y notas de Martín Gardner. New York: New American Library, 1974.

CODDOU, MARCELO. «Complejidad estructural de *El beso de la mujer araña* de Manuel Puig». *Inti*, 7 (Primavera, 1978), pp. 15-27.

COLLET, JEAN, MICHEL MARIE et al. *Lectures du film*. París: Albatros, 1975.

CORTÁZAR, JULIO. *La vuelta al día en ochenta mundos*. México: Siglo Veintiuno, 1967.

CHATMAN, SEYMOUR. *Story and Discourse: Narrative Structure in Fiction and Film*. Ithaca: Cornell University Press, 1978.

CHRIST, RONALD. «Interview with Manuel Puig». *Christopher Street* (April, 1979), pp. 25-31.

DELLEPIANE, ANGELA. «Diez años de literatura argentina». *Problemas de literatura*, 1 (Mayo, 1972), pp. 57-63.

DURGNAT, RAYMOND. *The Strange Case of Alfred Hitchcock*. Cambridge: M. I. T. Press, 1974.

ECHAVARREN, ROBERTO. «*El beso de la mujer araña* y las metáforas del sujeto». *Revista Iberoamericana*, 102-103 (Enero-Junio, 1978), pp. 65-75.

— «La superficie de lectura en *The Buenos Aires Affair*». *Espiral, Revista* 3 (1977), pp. 147-174.

EPPLE, JUAN ARMANDO. «*The Buenos Aires Affair* y la estructura de la novela policíaca». *Revista de Literatura Hispanoamericana*, 10 (Enero-Junio, 1976), pp. 21-56.

FENICHEL, OTTO. *The Psychoanalytic Theory of Neurosis*. New York: W. W. Norton, 1945.

FREUD, SIGMUND. *A General Introduction to Psychoanalysis*. Trad. de Joan Riviere. New York: Pocket Books, 1971.

— *The Standard Edition of the Complete Psychological Works of Sigmund Freud*. Trad. y ed. de James Strachey. London: The Hogarth Press, 1957. Vol. XIV.

— *Three Essays on the Theory of Sexuality*. Trad. y ed. de James Strachey. New York: Basic Books, 1962.

GEORGIN, ROBERT. *La structure et le style*. Lausanne: L'Age d'Homme, 1975.

GIMFERRER, PERE. «Aproximaciones a Manuel Puig». *Plural*, 57 (Junio, 1976), pp. 21-25.

GIRARD, RENÉ. *Deceit, Desire and the Novel: Self and Other in Literary Structure*. Trad. de Yvonne Freccero. Baltimore-London: The Johns Hopkins University Press, 1980, 2.ª reimpr.

GOIC, CEDOMIL. *Historia de la novela hispanoamericana*. Valparaíso: Ediciones Universitarias de Valparaíso, 1972.

GREIMAS, ALGIRDAS JULIEN. «Les actants, les acteurs et les figures». En *Sémiotique narrative et textuelle*. Ed. de Claude Chabrol. París: Larousse, 1973, pp. 161-176.

GUBERN, ROMÁN. *Mensajes icónicos en la cultura de masas*. Barcelona: Lumen, 1974.

HASKELL, MOLLY. *From Reverence to Rape: The Treatment of Women in the Movies*. Middlesex: Penguin Books, 1979.

HERMANN, LEWIS. *A Practical Manual of Screen Play Writing*. New York: The New American Library, 1974.

JOSEF, BELLA. «Manuel Puig: Reflexión al nivel de la enunciación». *Nueva Narrativa Hispanoamericana*, 4 (Enero-Septiembre, 1974), pp. 111-115.

KAPLAN, ANN. «Integrating Marxist and Psychoanalytical Approaches in Feminist Film Criticism». *Millenium*, 6 (Spring, 1980), pp. 8-17.

KANÉ, PASCAL. «*Silvia Scarlett*: Hollywood Cinema Reread». Trad. de Anne Mc Bride e Inez Hedges. *Substance*, 9 (1974), pp. 35-43.

KAVANAGH, THOMAS. «The Middle Voice of the Film Narration». *Diacritics*, 9, 3 (Fall, 1979), pp. 54-61.

KOBAL, JOHN. *Gotta Sing, Gotta Dance: A Pictorial History of Film Musicals*. London: Hamlyn, 1970.

— *Romance and the Cinema*. London: Studio Vista, 1973.

KRISTEVA, JULIA. *La révolution du langage poétique*. París: Seuil, 1973.

LACAN, JACQUES. *Écrits I*. París: Seuil, 1966.

— *Écrits II*. París: Seuil, 1971.

— *Quatre concepts fondamentaux de la Psychanalyse*. París: Seuil, 1973.

MAC ADAM, ALFRED. «Manuel Puig's Chronicles of Provincial Life». *Revista Hispánica Moderna*, 36 (1970/1971), pp. 50-65.

— «Manuel Puig: Things as They Are». *Modern Latin American Narratives: The Dreams of Reason*. Chicago: University of Chicago, 1977.

MALDONADO, ARMANDO. «Manuel Puig: The Aesthetics of Cinematic and Psychological Fiction». Diss. University of Oklahoma, 1977.

MASIELLO, FRANCINE R. «Jail House Flicks: Projections by Manuel Puig». *Symposium*, 32, 1 (Spring, 1978), pp. 15-24.

Mc GILLIGAN, PATRICK. *Ginger Rogers*. New York: Pyramid Publications, 1975.

METZ, CHRISTIAN. *Essais sur la signification au cinéma*. París: Klincksieck, 1972, vol. II.

— *Langage et cinéma*. París: Larousse, 1971.

— JEAN-LOUIS BAUDRY et al. *Psychanalyse et cinéma. Communications*, 23. París: Seuil, 1975.

MITCHELL, PHYLLIS. «The Reel Against the Real: Cinema in the Novels of Guillermo Cabrera Infante and Manuel Puig». *Latin American Literary Review*, 11 (1977), pp. 22-29.

Monaco, James. *How to Read a Film*. New York: Oxford University Press, 1977.

Morello Frosch, Marta. «The New Art of Narrating Films». *Review*, 4-5 (Winter, 1971/Spring, 1972), pp. 52-55.

— «La sexualidad opresiva en las obras de Manuel Puig». *Nueva Narrativa Hispanoamericana*, 5 (Enero-Septiembre, 1975), pp. 151-157.

Morin, Edgar. *Le cinéma ou l'homme imaginaire*. París: Les Editions de Minuit, 1956.

— *Les stars*. París: Seuil, 1972.

Oviedo, José Miguel. «La doble exposición de Manuel Puig». *Eco*, 192 (Octubre, 1977), pp. 607-626.

Pérez Luna, Elizabeth. «Con Manuel Puig en Nueva York». *Hombre de mundo*, 8 (1978), pp. 69-106.

Piglia, Ricardo. «Clase media: Cuerpo y destino». En Noé Jitrik et al. *Nueva novela latinoamericana*, 2. Buenos Aires: Paidós, 1974.

Powdermaker, Hortense. *Hollywood: The Dream Factory*. Boston: Little, Brown and Co., 1950.

Puig, Manuel. *El beso de la mujer araña*. Barcelona: Seix-Barral, 1976.

— *Boquitas pintadas*. Buenos Aires: Jorge Álvarez, 1969, 1.ª ed. Barcelona: Seix Barral, 1976, 2.ª reimpr.

— *The Buenos Aires Affair*. Buenos Aires-México: Joaquín Mortiz, 1973.

— «Growing Up at the Movies: A Chronology». En *Review*, 4-5 (Winter, 1971-Spring, 1972), pp. 49-51.

— *La traición de Rita Hayworth*. Buenos Aires: Jorge Álvarez, 1968, 1.ª ed. Buenos Aires: Sudamericana, 1974, 7.ª ed.

— *Pubis angelical*. Barcelona: Seix-Barral, 1979.

Quirk, Lawrence. *The Great Romantic Films*. Seacaucus, N. J.: The Citadel Press, 1974.

Random House Dictionary of the English Language. New York: Random House, 1967.

Rodríguez Monegal, Emir. «A Literary Myth Exploted». *Review*, 4-5 (Winter, 1971/Spring, 1972), pp. 56-64.

Rodríguez Padrón, José. «Manuel Puig y la capacidad expresiva de la lengua popular». *Cuadernos Hispanoamericanos*, 245 (1970), pp. 490-497.

Rosen, Marjorie. *Popcorn Venus: Women, Movies and the American Dream*. New York: Coward, Mc Cann y Geogheghan, 1973.

Sarduy, Severo. «Notas a las notas a las notas... A propósito de Manuel Puig». *Revista Iberoamericana*, 37, 76-77 (Julio-Diciembre, 1971), pp. 555-567.

SONTAG, SUSAN. «Notes on Camp». *Against Interpretation*. New York: Dell, 1978, pp. 275-292.

SOSNOWSKY, SAÚL. «Manuel Puig: Entrevista». *Hispamérica*, 3 (1973), pp. 69-80.

SOURIAU, ETIENNE. *Les deux cent mille situations dramatiques*. París: Flammarion, 1970.

SOUTHARD, DAVID R. «Betrayed by Manuel Puig: Deception and Anticlimax in his Novels». *Latin American Review*, 4, 9 (Fall/Winter, 1974), pp. 22-28.

TODOROV, TZVETAN. «La lecture comme construction». *Poétique*, 24 (1975), pp. 417-425.

— *Poetics of Prose*. Trad. de Richard Howard. Ithaca: Cornell University Press, 1974.

TRIVIÑOS, GILBERTO. «La destrucción del verosímil folletinesco en *Boquitas pintadas*». *Texto Crítico*, 9 (Enero-Abril, 1978), pp. 117-130.

VAN MERT, WILLIAM F. y WALTER MIGNOLO. «Julia Kristeva: Cinematographic Semiotic Practice». *Substance*, 9 (1974), pp. 91-114.

VILLEGAS, JUAN. *La interpretación de la obra dramática*. Santiago de Chile: Universitaria, 1971.

WOLFENSTEIN, MARTHA y NATHAN LEITES. *Movies: A Psychological Study*. New York: Atheneum, 1977.

WOLLEN, PETER. *Signs and Meaning in the Cinema*. Bloomington: Indiana University Press, 1976.

WOOD, MICHAEL. *America in the Movies*. New York: Dell, 1975.

WOOD, ROBIN. *Hitchcock's Films*. London: The Tantivy Press, 1977.

FILMOGRAFÍA

BACON LLOYD, dir. *Marked Woman*. Con Bette Davis y Humphrey Bogart. Warner Bros., 1937.

BUTLER, DAVID, dir. *The Little Colonel*. Con Shirley Temple y Lionel Barrymore. Fox, 1935.

— *The Littlest Rebel*. Con Shirley Temple. Fox, 1935.

CONWAY, JACK, dir. *Lady of the Tropics*. Con Hedy Lamarr y Robert Taylor. MGM, 1939.

COSTA, ANDREW, dir. *The Great Waltz*. Con Mary Costa y Horst Buchholz. MGM, 1972.

CROMWELL, JOHN, dir. *The Enchanted Cottage*. Con Dorothy Mc Guire y Robert Young. RKO, 1945.

CUKOR, GEORGE, dir. *Camille*. Con Greta Garbo y Robert Taylor. MGM, 1936.

— *Dinner at Eight*. Con Jean Harlow y John Barrymore. MGM, 1933.

CUKOR, GEORGE, dir. *Romeo and Juliet*. Con Norma Shearer y Leslie Howard. MGM, 1936.
— *Sylvia Scarlett*. Con Katharine Hepburn y Cary Grant. RKO, 1936.
— *The Women*. Con Joan Crawford, Paulette Goddard y Norma Shearer. MGM, 1939.
CUMMINGS, IRVING, dir. *Poor Little Rich Girl*. Con Shirley Temple y Alice Faye. Fox, 1936.
CURTIZ, MICHAEL, dir. *Casablanca*. Con Ingrid Bergman y Humphrey Bogart. Warner Bros., 1943.
— *Mildred Pierce*. Con Joan Crawford y Ann Blyth. Warner Bros., 1945.
DIETERLE, WILLIAM, dir. *Juarez*. Con Bette Davis y Claude Rains. Warner Bros., 1939.
DISNEY, WALT, Productions. *Snow White and the Seven Dwarfs*. 1937.
DUVIVIER, JULIEN, dir. *The Great Waltz*. Con Fernand Gravet, Militza Korjus y Luise Rainer. MGM, 1938.
FRANKLIN, SYDNEY, dir. *Smilin' Through*. Con Norma Shearer y Leslie Howard. MGM, 1932.
FREELAND, THORNTON, dir. *Flying Down to Rio*. Con Dolores del Río, Ginger Rogers y Fred Astaire. RKO, 1933.
GARNETTE, TAY, dir. *China Seas*. Con Jean Harlow y Clark Gable. MGM, 1935.
GIBBONS, CEDRIC, dir. *Maytime*. Con Jeannette Mac Donald y John Barrymore. MGM, 1934.
GOULDING, EDMUND, dir. *Grand Hotel*. Con Greta Garbo y John Barrymore. MGM, 1932.
HITCHCOCK, ALFRED, dir. *The Birds*. Con Tippi Hedren. Universal, 1963.
— *Marnie*. Con Sean Connery y Tippi Hedren. United Artists, 1964.
— *Psycho*. Con Janet Leigh, Tony Perkins y Vera Miles. Paramount, 1960.
— *Rebecca*. Con Joan Fontaine y Laurence Olivier. United Artists, 1940.
— *Spellbound*. Con Ingrid Bergman, Gregory Peck, Michael Chekov. United Artists, 1945.
— *The Thirty-Nine Steps*. Con Robert Donat y Madeleine Carroll. Gaumont, 1935.
KING, HENRY, dir. *In Old Chicago*. Con Alice Faye y Tyrone Power. Fox, 1938.
LA CAVA, GREGORY, dir. *Stage Door*. Con Katharine Hepburn, Ginger Rogers y Adolphe Menjou. RKO, 1937.
LEISEN, MITCHELL, dir. *Death Takes a Holiday*. Con Frederic March. Paramount, 1934.
— *Hold Back the Dawn*. Con Olivia de Havilland y Charles Boyer. Paramount, 1941.

LEONARD, ROBERT Z., dir. *The Great Ziegfeld*. Con Luise Rainer y William Powell. MGM, 1936.

MAMOULIAN, ROUBEN, dir. *Blood and Sand*. Con Linda Darnell, Rita Hayworth y Tyrone Power. Fox, 1941.

— *The Mark of Zorro*. Con Linda Darnell y Tyrone Power. MGM, 1940.

— *Queen Christina*. Con Greta Garbo y John Gilbert. MGM, 1934.

POTTER, H. C., dir. *The Story of Vernon and Irene Castle*. Con Ginger Rogers y Fred Astaire. RKO, 1939.

RAPPER, IRVING, dir. *Now, Voyager*. Con Bette Davis y Paul Henreid. Warner Bros., 1942.

RATOFF, GREGORY, dir. *Intermezzo*. Con Ingrid Bergman y Leslie Howard. United Artists, 1939.

SANTELL, ALFRED, dir. *Aloha of the South Seas*. Con Dorothy Lamour. Paramount, 1941.

SEITER, WILLIAMM, dir. *Dimples*. Con Shirley Temple. Fox, 1936.

TOURNEUR, JACQUES, dir. *The Cat People*. Con Simone Simon. RKO, 1943.

VAN DYKE, W. S., dir. *Marie Antoinette*. Con Norma Shearer y Tyrone Power. MGM, 1938.

— *Rage in Heaven*. Con Ingrid Bergman, George Sanders y Robert Montgomery. MGM, 1941.

VIDOR, CHARLES, dir. *Gilda*. Con Glenn Ford y Rita Hayworth. Columbia, 1946.

VIDOR, KING, dir. *Bird of Paradise*. Con Dolores del Río y Joel Mc Crea. RKO, 1932.

— *Stella Dallas*. Con Barbara Stanwyck. United Artists, 1937.

WELLES, ORSON, dir. *Citizen Kane*. Con Orson Welles y Joseph Cotten. RKO, 1941.

WELLMAN, WILLIAM, dir. *The Great Man's Lady*. Con Barbara Stanwyck, Victor Young y Joel Mc Crea. Paramount, 1942.

WYLER, WILLIAM, *Wuthering Heights*. Con Merle Oberon y Laurence Olivier. United Artists, 1939.

WOOD, SAM, dir. *For Whom the Bell Tolls*. Con Ingrid Bergman y Gary Cooper. Paramount, 1943.

BIBLIOGRAFÍA COMPLEMENTARIA

ANDREW, J. DUDLEY. *The Major Film Theories: An Introduction.* Oxford: Oxford University Press, 1976.

AUGST, BERTRAND. «The Order of [Cinematographic] Discourse». *Discourse,* 1 (Fall, 1979), pp. 39-58.

BARTHES, ROLAND. *Elements of Semiology.* Trad. de Annette Lavers y Colin Smith. New York: Hill and Wang, 1978.

— *Mythologies.* Trad. de Jonathan Cape. New York: Hill and Wang, 1972.

— *The Pleasure of the Text.* Trad. de Richard Miller. New York: Hill and Wang, 1975.

— *Writing Degree Zero.* Trad. de Annette Lavers y Colin Smith, New York: Hill and Wang, 1978.

BAZIN, ANDRÉ. *What Is Cinema?* Trad. y sel. de Hugh Gray. Berkeley-Los Angeles: University of California Press, 1970.

BERGMAN, ANDREW. *We're in the Money: Depression America and Its Films.* New York: Harper and Row, 1972.

BLUESTONE, GEORGE. *Novels into Film.* Berkeley-Los Angeles: University of California Press, 1966.

BRITTON, ANDREW. «The Ideology of *Screen*». *Screen,* 26 (sin fecha), pp. 2-28.

CODDOU, MARCELO. «Seis preguntas a Manuel Puig sobre su última novela: *El beso de la mujer araña*». *The American Hispanist,* 2, 18 (May, 1977), pp. 12-13.

COHEN-SÉAT, GILBERT. *Problèmes du cinéma et de l'information visuelle.* París: Presses Universitaires de France, 1961.

COLLET, JEAN. «Des goûts et des valeurs (Cinéma et Critique)». *Etudes,* 348-5 (Mai, 1978), pp. 623-633.

COOVER, ROBERT. «Old, New, Borrowed, Blue: *Kiss of the Spider Woman* by Manuel Puig». Reseña en *The New York Times Book Review* (April 22, 1979), p. 15.

CULLER, JONATHAN. *Structuralist Poetics: Structuralism, Linguistics and the Study of Literature.* Ithaca: Cornell University Press, 1977.

CHABROL, CLAUDE. *Le récit féminin.* The Hague-Paris: Mouton, 1971.

CHATMAN, SEYMOUR. «What Novels Can Do That Films Can't (and

Vice Versa)». *Critical Inquiry*, 7, 1 (Autumn, 1980), pp. 121-140.

DEER, IRVING Y HARRIET. *The Popular Arts: A Critical Reader.* New York: Scribner's Sons, 1967.

DERRIDA, JACQUES. *La dissémination.* París: Seuil, 1972.

DUCROT, OSWALD y TZVETAN TODOROV. *Dictionnaire encyclopédique des sciences du langage.* París: Seuil, 1972.

FAGES, JEAN B. *Comprendre Jacques Lacan.* Toulouse: Privat, 1971.

— *Para comprender el estructuralismo.* Trad. de Jorge Jinkins y Marta Carlisky. Buenos Aires: Galerna, 1969.

FELL, CLAUDE. «Argentina: En busca del hombre nuevo». *Estudios de Literatura Hispanoamericana Contemporánea.* México: Sepsetentas, 1976.

«Ficción angelical: Entrevista con Manuel Puig». *Cambio 16*, 393 (Junio, 1979), pp. 117-119.

FOSSEY, JEAN MICHEL. «*Boquitas pintadas* o los años 40». *Cormorán,* 1, 8 (Diciembre, 1970), p. 11.

FREUD, SIGMUND. *Civilization and Its Discontents.* Trad. y ed. por James Strachey. New York: W.W. Norton, 1962.

— *The Interpretation of Dreams.* Trad. y ed. de James Strachey. New York: Avon Books, 1965.

— *Psychopathology of Everyday Life.* Trad. de A. A. Brill. New York: The New American Library, sin fecha.

FUENTES, CARLOS. *La nueva novela hispanoamericana.* México: Joaquín Mortiz, 1976.

GARCÍA RAMOS, JUAN. «*Pubis angelical* o de la imposibilidad del discurso». *Liminar,* 3 (Septiembre-Octubre, 1979), pp. 17-20.

GOLDMANN, ANNIE. *Cinéma et societé moderne.* París: Anthropos, 1971.

GREIMAS, ALGIRDAS JULIEN. *Du sens (Essais sémiotiques).* París: Seuil, 1970.

GUZZETTI, ALFRED. «Christian Metz and the Semiology of Cinema». *Journal of Modern Literature,* 3, 2 (April, 1973), pp. 292-308.

HARSS, LUIS. *Los nuestros.* Buenos Aires: Sudamericana, 1975.

HAWKES, TERENCE. *Structuralism and Semiotics.* Berkeley-Los Angeles: University of California Press, 1977.

«Hay un punto medio entre autor y lector». Entrevista a Manuel Puig en *Unomásuno*, 31 (Mayo, 1980), 15.

HENDERSON, BRIAN. *A Critique of Film Theory* New York: Dutton, 1980.

HOLLAND, NORMAN. *The Dynamics of Literary Response.* New York: W. W. Norton, 1975.

HUSS, ROY y NORMAN SILVERSTEIN. *The Film Experience: Elements of Motion Picture Art.* New York: Dell, 1969.

JANVIER, LUDOVIC. *Una palabra exigente.* Trad. de Rosa Marcela Pericás. Barcelona: Barral, 1971.

JINKS, WILLIAM. *The Celluloid Literature: Film in the Humanities.* London: Glencoe Press, 1973.

KAPLAN, ANN. «Feminist Approaches to History, Psychoanalysis and Cinema in Sigmund Freud's Dora». *Millenium,* 7-9 (Fall, 1980/ Winter, 1981), pp. 173-185.

KRACAUER, SIEGFRIED. *Theory of Film: The Redemption of Physical Reality.* Oxford: Oxford University Press, 1978.

KRISTEVA, JULIA. *Semiótica.* Trad. de José Martín Arancibia. Madrid: Fundamentos, 1978, 2 vols.

— *El texto de la novela.* Trad. de Jordi Llovet. Barcelona: Lumen, 1974.

LAWSON, JOHN HOWARD. *Film: The Creative Proccess.* New York: Hill and Wang, 1967.

LIBERTELLA, HÉCTOR. *Nueva escritura en Latinoamérica.* Caracas: Monte Avila, 1977.

LOVELUCK, JUAN, ed. *La novela hispanoamericana.* Santiago de Chile: Universitaria, 1972.

MARTIN, MARCEL. *Le langage cinématographique.* París: Les Editions du Cerf, 1958.

Mc CONNELL, FRANK D. *El cine y la imaginación romántica.* Trad. de Ramón Font. Barcelona: Gustavo Gili, 1977.

METZ, CHRISTIAN. *Essais sur la signification au cinéma.* París: Klincksieck, 1971. Vol. I.

MORINO, ANGELO. «Tanghi e pellicole hollywoodiane nei romanzi di Manuel Puig». *Belfagor,* 36 (1977), pp. 395-408.

NICHOLS, BILL. «Style, Grammar and the Movies». *Film Quarterly,* 28 (Spring, 1975), pp. 33-49.

PERKINS, V. F. *Film as Film: Understanding and Judging Movies.* Middlesex: Penguin Books, 1972.

Psychanalyse et Sémiotique. Actes du Colloque de Milan, 1974. París: Union Génerale d'Editions, 1975.

Redacción de *Tel Quel. Teoría de conjunto.* Trad. de Salvador Oliva, Narcís Codamira y Dolores Oller. Madrid: Seix-Barral, 1971.

RIQUELME, JOHN PAUL. «The Ambivalence of Reading». Review. *Diacritics,* 10, 2 (Summer, 1980), pp. 75-86.

RODRÍGUEZ, ANA MARÍA DE. «Consideraciones preliminares al estudio de la novelística de Manued Puig». *Fragmentos,* 3 (Febrero, 1978), pp. 74-91.

SAFIR, MARGERY A. «Mitología: Otro nivel de metalenguaje en *Boquitas pintadas*». *Revista Iberoamericana,* 90 (Enero-Marzo, 1975), pp. 47-58.

SAFOUAN, MUSTAFA. *Le Structuralisme en Psychanalyse.* París: Seuil, 1979.

SCHAFER, ROY. «Narration in the Psychoanalytic Dialogue». *Critical Inquiry,* 7, 1 (Autumn, 1980), pp. 29-53.

SCHOLES, ROBERT. *Structuralism in Literature: An Introduction*. New Haven-London: Yale University Press, 1976.

SONTAG, SUSAN. *On Photography*. New York: Dell, 1977.

SOURIAU, ETIENNE, *L'univers filmique*. París: Flammarion, 1953.

SPIEGEL, ALAN. *Fiction and the Camera Eye: Visual Consciousness in the Modern Novel*. Charlottesville: University Press of Virginia, 1976.

SPOTTISWOODE, RAYMOND. *A Grammar of Film: An Analysis of Film Technique*. Berkeley-Los Angeles: University of California Press, 1973.

TYLER, PARKER. *The Hollywood Hallucination*. New York: Simon and Schuster, 1970.

— *Magic and Myth in the Movies*. New York: Henry Holt, 1947.

ULMER, GREGORY L. «The Discourse of the Imaginary». Review. *Diacritics*, 10, 1 (Spring, 1980), pp. 61-75.

WOOD, MICHAEL. «The Claims of Mischief». Review. *New York Review of Books*, 26, 21-22 (January, 1980), pp. 43-47.

YÚDICE, GEORGE. «*El beso de la mujer araña* y *Pubis angelical*: Entre el placer y el saber». En Actas del Simposio *Literature and Popular Culture in the Hispanic World*. Gaithersburg: Eds. Hispamérica-Montclair State College, 1981, pp. 43-57.

EDITORIAL PLIEGOS